सर्वयन्त्रात्मिका

'모든 얀뜨라의 영혼'인 여신에게 경배드립니다.

랄리따사하슈라나마Lalitasahasranama(205)

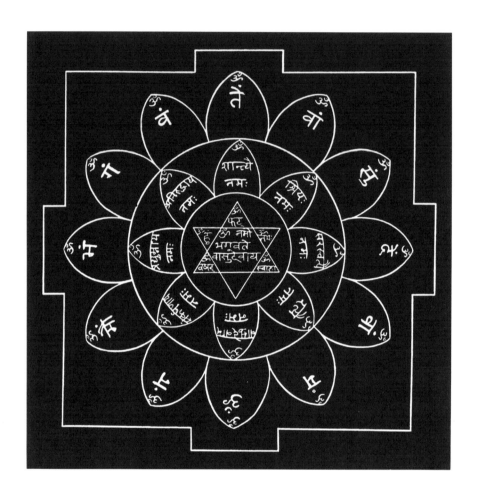

비슈누의 얀뜨라, 비슈누는 세계의 보존자이며, 힌두 삼신 중 두 번째 신으로 비슈누의 성스러운 소리·상징이 새겨져 있다.

얀뜨라

우주적 합일의 딴뜨라 상징

마두 카나 Madhu Khanna

아지트 무케르지 Ajit Mookerjee 머리말

심상욱 역

지혜의나무

차례

머리말

얀뜨라는 본질적으로 기하학적 구성이다.

그러나, 기하학적 상징의 본질을 이해하기 위해서는 얀뜨라의 역동성을 파악해야만 한다.

얀뜨라는 도형의 정밀성과 추상성에 대한 조화 안에서 증가된 힘을 특정한 배치로 표현한다.

얀뜨라는 사용하는 것에 따라 다양하다. 힌두의 하나 하나의 모든 신들은 그들 자신의 만뜨라 또는 소리-음절(sound-syllables)을 고유하게 동반하는 얀뜨라를 가지고 있다.

꿀라르나바(Kularnava) 딴뜨라에서는 '얀뜨라는 만뜨라에 의해 혼이 불어넣어진다'고 말한다. 수행자가 영적 과정의 높은 단계에 이를 때 그는 특정한 얀뜨라를 이용한다.

적절한 만뜨라를 수반한 얀뜨라의 선택은 고도의 복잡한 과정이고 구루만이 구도자의 내면에 잠재된 상징으로 인도할 수 있다.

내면의 힘을 일깨워 극대화하고 신성을 향해 헌신하는 것은 신성을 일깨우는 과정과 함께 하나가 된다.

그러한 행위는 신비를 이해하기 위한 신체적, 심리적, 영적 개화로서 보여질 수 있다.

철저한 분석을 통한 힌두 얀뜨라 또는 힘-다이어그램에 대한 최초의 연구는 각각의 기본적인 기하학적 형태가 원래 형과 크기가 있음에도 불구하고 선의 변형을 통한 일련의 계통적인 유형과 다양한 입체적 형상을 낳을 수 있음을 보여준다. 일반적으로 그러한 변형은 빈두 또는 점, 삼각형, 사각형 그리고 원 등 순환하는 특정한 선형적 특성을 가리킨다.

얀뜨라에서 이러한 특성들은 구도자가 일정한 힘의 패턴으로 이해할 수 있도록 구축된 사고-형태로서 기능한다.

이러한 얀뜨라와 같은 형상에 전적으로 동일시되는 것은 각 형태가 나타내는 본질적인 힘을 깨닫거나 해방시키는 것과 같다.

얀뜨라의 활용에 대한 배경 원리는 딴뜨라에 대한 이해가 기본이 되어야 한다. 각 얀뜨라는 만뜨라 음절을 들을 수 있는 힘의 시각적 패턴을 만든다. 그리고 각 얀뜨라는 자신만의 독특한 힘-패턴을 포함한다.

얀뜨라와 만뜨라는 함께 구성하여 배치하는 행위에 의해서 창조되는 형태(build form), 각 요소의 배열 자체로 보존되는 형태(conserve form), 마지막으로 구도자로서 그것을 넘어 비상하며 내면적인 의미를 이해하는 해체되는 형태(dissolve form)가 있다.

아지트 무케르지

서문

다양한 이미지를 포함한 딴뜨리즘의 수행으로부터 발전한 예술 중에서, '추상적 상징성을 지닌 기하학적 다이어그램'으로서 얀뜨라는 가장 핵심적이고 생생한 것이다. 수학적 완전성의 특징 외에도, 얀뜨라는 원형적 차원에서 보편적인 매력을 가지고 있다. 얀뜨라와 유사한 형태가 거의 모든 종교에 나타나고 있으며 근원적 의식을 재발견하는 사람을 통해 우주적 신비의 상징으로서 작용한다는 것이다.

만달라의 이론과 실제에 대한 G. Tucci의 작업을 제외하면, 얀뜨라에 대해 포괄적인 분석이 이루어진 적은 없었다.

얀뜨라의 종교적 상징은 많은 의미를 가지고 있다. 원전은 종종 알기 어려운 언어로 표현되고 다양한 해석이 가능하도록 되어 있다.

얀뜨라의 중심에 있는 점(빈두)은 예를 들면, 집중의 도구나 우주의 근원을 가리키는 상징 또는 우주적 이원론의 형이상학적 지식을 암시하는 경우 남성-여성 원리의 합일에 대한 상징 등 여러 가지 방식으로 해석될 수 있다. 유사하게 얀뜨라의 각 요소들은 다면적인 상징이다.

이 연구는 원형적 형태와 소리의 연합된 측면과 밀접히 관계된 힌두의 얀뜨라를 조사하였다. 신성과 우주적 원리는 실용적인 주술이나 사원의 건축설계로 얀뜨라의 적용 그리고 미묘한 몸의 내적 얀뜨라를 통해 소우주와 대우주 그리고 인간 자신 사이에 도움이 되는 살아있는 조화를 포함한다.

명상에 활용되는 얀뜨라 상징은 인도적 전통의 심원한 원리의 한 부분으로 형성된다. 내적 비전으로부터 생성될 때는 자기 초월적 방향으로 향하여 사람을 고무시키고, 위대한 예술적 작업이며 영원한 진실을 드러낸다.

만약 간과되거나 기록되지 않는 경우, 이 복잡한 상징 및 얀뜨라의 제작과 활용에 관련된 지식과 영적 성취는 시대적 대격변의 압력 하에 영원히 파괴될 수도 있다.

이 연구는 여러 사람의 도움이 없었더라면 지금의 형태로 완성될 수 없었을 것이다. 첫째로, 만프레드 휴 박사와 독일과 영국에서 연구를 위해 도움을 제공한 Wissenschaftlicher Verlag Altmann GmbH, Hamburg의 은혜에 감사를 드린다.

딴뜨라 미술의 자료집에서 중요하고 빛나는 필사본의 얀뜨라 형상과 얀뜨라 도형의 많은 사례를 빌려 준 것과 공동 집필과 도움이 될 조언을 한 아지트 무케르지 역시 감사의 마음을 드린다.

필사본을 읽어 준 한스 울리히 레커와 공동 집필을 한 마이클 파울라에게도 감사를 드린다. 마지막으로 나에게 영감의 원천을 준 나의 부모님에게도 감사를 드린다.

M. K.

우주의 전개와 소멸로서 얀뜨라를 묘사한다. 산스끄리뜨를 거미줄과 같은 이미지의 형태로 상징화된 얀뜨라. 확장과 수축에 따른 진동의 흐름을 표현하고 있다. 최초의 중심인 신에게서 나오고 다시 되돌아가는 우주를 표현한다.

1. 개관

　브리하다란야까 우파니샤드Brhadaranyaka Upanishad(2, 1, 19)에 보면 동심원인 거미줄의 중심에 자리를 잡고 실을 내뿜기도 하고 거두어 들이기도 하는 거미에 대한 은유가 나온다. 이런 이미지는 다양성 속의 단일성이라는 인도인의 세계관을 나타내기 때문에 여러 우파니샤드에 중복되어 나타난다. 거미줄은 거미줄의 중심으로 이어질 수 있도록 연결되기 위해서 약간 불규칙한 간격과 여러 방향으로 갈라짐이 있지만, 뚜렷한 하나의 원으로 균형 있게 확장된다.

　또한 이처럼 외관상 단순해 보이는 은유는 인도 사상의 진수를 압축하고 있다. 즉 모든 존재는 하나의 원리에 의해 지배받고, 최고 의식의 기원은 방사되고 동시에 회수되는 모든 것들이 모인 에너지의 무한한 저장소라는 것이다. 이 중심은 신, '잠재된 전일적 지점'으로 다리 역할을 할 뿐만 아니라 세계의 물리적 다양성의 기초가 되는 우주적 합일이다. 또한 이 은유는 집중된 원안에서 성장하고 확장되고, 하나의 본질로 수축하거나 용해되는 '홀론(holon)'으로 인식되는 우주 구조에 대한 인도인들의 시각을 나타낸다. 거미줄의 전개는 비록 크기, 확장, 수축이 중심에 의해 유지되는 보편적 구조로 서로 연관되어 있더라도 지극히 미미하거나 지극히 거대할 수 있다.

　얀뜨라(yantra)는 거미의 비유에서 나온 동일한 세 가지의 형이상학적 개념

스와스티카와 격자문을 가진 꾼달리니 동전(1세기)
과 모헨조다로에서 출토된 도장(기원전 2500년경)

을 반영하는 강력하며 역동적인 신성한
상징이다.

　팽창과 수축이 끝날 때까지, 중심을
향해 또는 중심으로부터 점점 커져가는
기하학 형상인 얀뜨라는 거미줄의 작은
원과 다음 원을 잇는 다리일 뿐만 아니라
에너지를 펼치고 모으는 상징으로 중심
에서 퍼져있는 거미줄처럼 정밀하게 팽
창 또는 수축을 계속하는 여러 개의 동
심원들이 있다. 얀뜨라의 외곽은 네 개의
기본적인 동서남북 방향을 향해 열린 네
개의 신성한 문으로 이루어진 하나의 닫
힌 정사각형이다. 얀뜨라의 동심원은 크
기를 결정하고 율동적인 합일을 창조하
여, 통합의 지점인 중심에 대해 통합되
면서 또한 분산된다. 거미줄의 거미처럼
얀뜨라의 중심에 있는 빈두(bindu)는 모든
창조의 중심이며, 모든 형태를 발생시키
는 에너지의 빛을 발하는 근원이다.

　인도 영성의 핵심 탐구는 신에 대한
총체적 경험을 획득하는 것이다. 인도 전
통에 따르면 인간은 신과 합일되었음을
직관적으로 아는 것을 주된 목표로 하는
영적 여행자다. 정상까지 직접적으로 인

도되든, 일정 기간 동안 지체하건, 길에서 걸려 넘어지거나 자신의 길을 거부하건 여행자는 그의 모든 활동들이 필연적으로 그를 출발점, 전일적 지점, 기원, 존재의 소멸로까지 이끈다는 것을 직관적으로 안다.

개인의 내적 중심을 자각시키는 것은 개인의 자아를 하나의 창조적 지점에 모으고 전체성 안으로 확장되어가는 것을 균형 잡고 통합하는 것을 의미한다. 내면적 각성을 위한 길은 본질적으로 자기 자신의 중심 속에 있다. 이 중심의 추구는 얀뜨라 상징체계를 둘러싸고 회전하는 중심축이다.

인도 예술의 상징성들은 이 근원적 진리를 반영하고, 개인의 영적 여정을 변형의 목표로 향해 이끈다. 우리가 물리적 질서 너머로 이동하는 것의 시각적 은유인 얀뜨라는 더 높고 더 조화된 경험의 차원을 개발하기 위해서 확장될 수 있고, 우리와 신의 섭리의 만남을 위한 우주적인 교차점으로 사용된다. 이러한 상징들은 힌두 사원만큼이나 엄청나든 동전 크기의 얀뜨라만큼 작든 간에, 그것들은 개인의 영적 여정에서 각각 다른 단계를 표시한다.

마치 얀뜨라는 전 우주가 개인의 내면에 압축된 것처럼, 구도자가 유일하고 변치 않는 중심으로 얀뜨라 전체에서 우주에 대한 자각과 인식을 얻을 수 있고 그의 내적 자아정체성을 발견할 수 있는 휴식과 지원의 장소를 제공한다. 따라서 얀뜨라 상징들은 얀뜨라와 우주를 연결짓는 중심을 탐구하고 드러내도록 우리를 인도한다.

이 추상적이고 신비로운 얀뜨라 상징의 등장은 고대 인도인의 역사까지 거슬러 올라간다. 기원전 3000년경의 하랍파 문화 유적에서 발굴된 유물 중에서 얀뜨라와 비슷한 무늬를 하고 있는 음각 인장들이 발견되었다.

다른 것은 십자가, 즉 격자 사각형안에 교차된 평행선 형태나 사각형안의 사각형의 구성을 표현하거나, 많은 인장들은 만자(卐 swastika)상징을 묘사한다. 얀뜨라와 같은 인장 디자인은 기본적으로 사각으로 설정되어 마음에 그려진다. 다음 시대인, 우주의 상징을 내포하고 있는 베다 제단(BC 2000년경)의 디자인은 눈에 띄게 추상적이다(6장 참조). 신비한 상징들이 완전히 되살아난 것은 딴뜨리즘(기원후 700-1200, 딴뜨라의 르네상스 기간) 시대였다.

딴뜨리즘은 많은 이교적 요소를 포함한 인도 종교 역사의 가장 독특하고 혁명적인 시기중의 하나이다. 딴뜨라의 교리가 비딴뜨라의 전통으로부터 구별되는 것 중에 하나는 신성한 공식과 상징의 집중적인 사용이다. 딴뜨리즘은 기본적으로 의례 지향적 시스템이다. 딴뜨라의 사다나(sadhana; 제의적 숭배)는 요가 수련과 집중적인 시각화의 실천이 요구된다. 그리고 얀뜨라에 있는 선들의 구성은 그러한 명상적 요구들을 충족시키기 위하여 정확하게 고안되었다. 이상적으로, 이러한 신비한 도형들은 의식의 성장 단계를 보여주는 연결고리이며, 인간의 심상속에서 펼쳐지고 조작할 수 있는 내면적 시각화의 시리즈로 적합하다. 그러므로 얀뜨라는 딴뜨라 사다나[1]의 절대 필요한 구성요소가 되었다. 딴뜨리즘의 모든 종파와 분파는 그들의 통과의례와 매일 드리는 제식의 한 부분이고 수행자들의 영적 목표에 이르기 위한 수단으로 추상적인 상징[2]과 얀뜨라를 사용한다.

딴뜨라 문헌은 방대하고 얀뜨라만 전문적으로 다루고 있는 문헌[3]도 많이 있다. 또한, 힌두어, 벵갈어, 말라얄람어, 타밀어, 아샘어 같은 산스끄리뜨 보다 약간은 세속적인 언어로 얀뜨라를 다루고 있는 주석서들도 많이 있다.

아직 살아있는 전통들이 인도의 고립된 지역에서 발견되고 있고, 얀뜨라도 여전히 사용되고 있다. 얀뜨라는 뱅갈의 성자나 남인도의 타밀 지방의 성자나 카슈미르의 카울라(Kaulas) 같은 비밀스러운 딴뜨라 집단에서 가족간에, 구루와 제자 사이를 통하여 전수되고 있다.

얀뜨라의 제의적 사용과 비밀스러운 의미는 매우 폐쇄적이고 비전을 외부로부터 보호하였다. 얀뜨라의 비밀스러운 의미과 신비스러운 연결은 엄

격한 규율 아래 요가를 수행하는 영적 스승으로부터 전수되었다.

얀뜨라의 개념

얀뜨라는 특정 요소나 물체, 개념에 본래부터 내재되어 있는 에너지를 유지, 간직 혹은 원조한다는 의미의 얌(yam)이라는 어근에서부터 파생된[4] 산스끄리뜨 단어이다. 그것의 첫째 의미에서, 얀뜨라는 계획을 지원하기 위해 이용되는 기계적인 장치의 어떤 종류를 의미한다. 그러므로 이런 의미에서 얀뜨라는 건축학, 천문학, 연금술, 화학, 전쟁, 리크리에이션등에 이용되는 그런 기계나 기구의 어떤 종류를 말한다. 건축학에 관한 11세기경 산스끄리뜨 문헌인 사마란가나수트라다라(Samaranganasutradhara)[5]에는 나무로 만든 나는 새, 뜨거운 수은을 연료로 날 수 있게 한 나무 비행기, 남자나 여자 로봇 모형 등과 같은 그러한 기계적 얀뜨라를 만들거나 작동시키는 구체적인 서술이 나와 있다. 자이 싱Jai Singh(1686-1734)의 후원 아래 델리와 자이뿌르에 세워진 엄청난 구조물들로 잔타르-만타르(Jantar-Mantar)로 불리우는 아주 큰 천문대는 천체 현상을 기록하기 위해 세워진 천문 '도구'(얀뜨라)이다.

얀뜨라란 용어의 의미는 후에 종교적 계획을 나타내는 말로 확장되었고, 특별한 종교적 의미를 품게 되었다. 신비적인 얀뜨라는 명상 훈련의 주요한 수단이자 지원이다. 기본적으로 이러한 맥락과 목적에 사용되는 얀뜨라는 명상과 각성의 증대를 위한 도구로써 사용되는 추상적이고 기하학적인 디자인이다.

형태-기능-힘

신비적 얀뜨라는 형태 원리(Akriti-rupa), 기능 원리(Kriya-rupa), 힘의 원리(Śakti-rupa)[6]라는 세 가지 원리의 종합이다.

얀뜨라는 우주에 널리 퍼진 풍부한 형태와 모양의 내적 토대를 드러낸다고 한다. 외부 구조가 어떠하든, 모든 물질은 고유한 기본적 단일성과 원자로 만들어진 것과 같이, 세상의 각 부분들은 얀뜨라로써 구조적 형태 안에서 보여 질 수 있다.

과학자들이 특정한 근원 형태가 조화로운 '전체'로써 나타나는 질서 있고 단순한 원자의 구조에서 세상의 궁극적 청사진을 보는 것처럼, 인도의 쉴피-요기Silpi – yogin(의례적 예술의 제작자)들은 우주의 가장 깊숙한 구조를 알아내기 위해 강렬한 요가적 비전을 통하여 세계가 나타난 모습들을 다양하게 변화시킨 그림을 단순한 형태-균형으로 표현하기 위해 노력한다. 그러므로 얀뜨라는 세상에 나타나는 특수한 에너지의 궁극적인 형태-균형 상태로 생각할 수 있다. 이런 단순한 형태-균형 상태는 구체적인 것으로부터 추상화된 우주의 실질적 본성을 전형적으로 나타낸다.

가장 널리 활용되는 얀뜨라는 아끄리띠-루빠(Akriti-rupa)는 구조가 비밀스럽고 숨겨진 형태이다. 그래서 원자부터 별까지 어떤 구조든 그것의 아끄리띠-루빠 얀뜨라를 가지고 있다. 따라서 꽃이나 나뭇잎은 바로 지각할 수 있는 외부적 구조를 가지고 있는 것과 같이 내부형태도 가지고 있다. 그것은 일반적으로 중심축이나 핵을 가로지르는 직선 형태의 구조 체계로 구성된다. 즉 모든 형태들은 외부 형태에 대해서 근원적 원인으로서 패턴(내적 형태)을 가지기 때문에 거대한 구조와 미묘한 내적 구조를 가지고 있다.

얀뜨라는 우주적 진리들의 계시적 상징과 인간 경험의 영적 측면에 대한 가르침을 위한 도표로써 작용한다. 모든 얀뜨라의 근원적 형태는 심리적 힘의 조절과 증대를 가능하게 하며 인간 의식의 내부 상태에 대응하는 정신적인 상징이다. 이런 이유로 인해 얀뜨라는 '기능-원리'(Kriya-rupa)를 포함한다.

제의 숭배에서 명백히 활성화 되지 않은 얀뜨라-형태들은 지속적인 강화에 의해 휴지상태를 떨쳐버리고 심리적 힘의 표상으로써 작동한다. 이런 경우, 얀뜨라는 '형태'와 '기능' 너머로 움직인다고 표현된다. 그리고 세속적인 경험을 정신적 경험으로 변형시키기 위한 '힘 다이어그램'(Śakti-rupa)으로 나타난다. 이러한 측면에서 얀뜨라는 '현시 즉, 감추어진 것을 드러낸다'고 표현된다. 비록 얀뜨라의 외면적 의미를 비교적 이해하기 쉽더라도, 효능을 가져다주는 얀뜨라의 내면적 의미는 이해하기 어렵다. 왜냐하면 얀뜨라의 원형적인 형태는 기본적으로 직관적 비전을 통해 얻은 정신적 경험과 관련되어 있기 때문이다.

यन्त्रमित्याहुरेतस्मिन् देवः प्रीणाति पूजितः ॥८६॥
शरीरमिव जीवस्य दीप्स्य स्नेहवत् प्रिये ।

몸은 영혼으로, 기름은 램프로 가는 것처럼 얀뜨라는 신으로 이어진다.
쿨라르나바 딴뜨라Kularnava Tantra(86권)

신들의 거주지

모든 얀뜨라는 신성한 구획(temenos), 즉 '거주지'[7] 또는 이쉬따-데바타(Ishta-devata; 선택된 자, 수호자, 신성)의 저장소이다. 얀뜨라는 신의 인격화된 이미지에 대한 대체물이다. 크리슈나, 비슈누, 두르가, 깔리와 같은 대부분의 인도신들은 그들의 도상적 표현에 더하여, 비도상적인 상징인 특정한 얀뜨라를 가지고 있다. 신들의 얀뜨라는 전통적 계율에 의해 정해진 비례와 인간적 모습을 가진 도상학적 이미지(murti)와 아무런 유사성을 가지지 않을 수도 있다. 얀뜨라는 '변화-형태'(para-rupa)이며, 추상적이고 관념적 해석이다. 얀뜨라는 근원에 대한 감각과 정신을 표현함으로써 초감각적인 이미지의 생명력을 간직한다.

얀뜨라는 '신성한 순례 중심지의 상징적인 확장'(피타 스타나pitha-sthana) 즉, 인도 곳곳마다 흩어진 최고 여신의 가장 신성한 사원, 그리고 신의 우주적 단위로서 나타난다[8]. 이런 순례 중심지의 기원은 인도의 신화에 묘사되어있다. 비슈누가 연이어 그의 원반을 던져 사티Sati(또는 빠르바띠, 그의 아내)의 손발을 잘라 인도 곳곳의 땅위에 떨어지게 한 것에 대해 브람마와 비슈누가 불안해 할 때까지, 쉬바는 사티의 시체를 운반하며 슬픔과 광기에 싸여 인도를 헤맨다. 이러한 장소들이 신성한 에너지에 흠뻑 젖어 종교적인 순례와 사원의 중심지가 되었다. 그러므로 얀뜨라는 이를 발전시키고 유지하는 종교적인 전통에서 분리된 예술품이 아니라, 세속적인 것에서 신성한 것으로 움직이는 이차원적 피타 스타나pitha-sthana이며, 순례자의 사원이다. 신들의 얀뜨라는 초월적 실재의 현시된 이미지다.

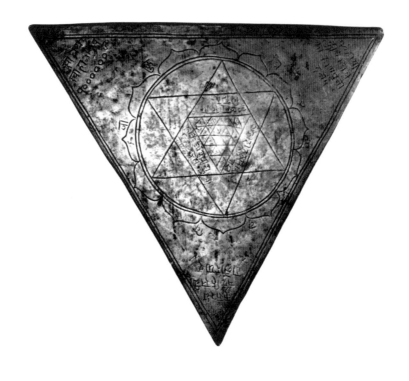

2. 원초적 삼각형, 샥띠의 우주적 에너지에 대한 상징, 내부에 있는 여신 얀뜨라를 지지하고 있다. 남인도, 18세기경, 구리판

3. 아래에 있는 베다시기에 불의 제단(yoni-Kunda)을 나타낸 요니 형태 위에 안치된 여신 얀뜨라. 베다 제단의 원형적 형태와 실제 의례가 딴뜨라 숭배에 남아 있다. 라자스탄, 19세기경, 종이위에 잉크

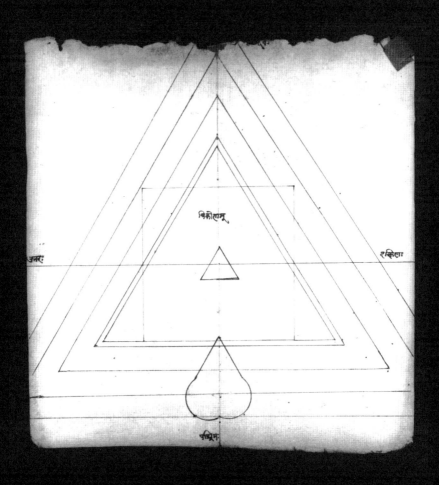

4. 상서로운 고대 태양 상징으로서 스와스티카(만자) 얀뜨라. 기본적 상징 형태. 라자스탄, 19
세기경. 종이위에 구아슈물감. 오른쪽은 기원전 2500년 경으로 추정되는 모헨조다로 만자
인장

5. 모든 성취의 제공자와 신의 영혼을 나타낸 브라흐만을 표현한 O자형 단지(마하니르바나 딴뜨라Mahanirvana
Tantra 10장 156). Mangala ghata, 때로 숭배의례 동안 얀뜨라 도형을 떠받치기 위해 아래에 놓아두는 축하용 물 항아
리. 라자스탄, 19세기경, 종이위에 구아슈물감

6. 좋은 행운과 성공Mangala을 위해 숭배되는 망갈라Mangala 얀뜨라, 얀뜨라가 지닌 신성의 에너지는 만뜨라 또는
소리 음절로 새겨져 표현된다. 알라하바드, 18 또는 19세기, 구리판

7. 우주의 진동하는 패턴과 얀뜨라의 정적 형상 위에 숭배의례 때 음송되는 만뜨라가 새겨져있다. 라자스탄, 17세기경, 구리판

8. 아홉 행성의 신성을 이미지화 한 수리야(태양) 얀뜨라. 이 얀뜨라는 태양신의 신성한 원이다. 중심 신격의 불타
는 핵으로부터 빛나는 것처럼 모든 얀뜨라들의 계통적 구성체계는 여러 신들에 의해서 지지 받는다. 가장 바깥의
공간은 신성한 공간으로 들어오는 부정적인 힘을 막는 수호신에 의해 보호받는다. 씨앗 만뜨라는 이 신들의 형상
을 위해 아래에 자리잡고 명상하는 동안 영적 수행자에 의해 얀뜨라의 공간 안에서 시각화 될 수 있다. 사르바싯
딴따-따뜨와쿠다마니Sarvasiddanta-tattvacudamani, 펀잡, 1839년경. 종이위에 구아슈물감

얀뜨라 이미지의 상징적 구문론

그 스스로 하나의 얀뜨라를 구성하는 상징들은 단지 부분적인 의미만을 전달한다. 그리고 하나의 완전체로서 얀뜨라에 대한 의미 세계를 전달할 수 없다. 얀뜨라의 상징적인 구문론은 존재의 총합으로서 '우주-패턴'을 나타낸다. 얀뜨라에서 존재의 계층적이고 이질적인 면들은 하나의 통합을 이룬다. 이러한 종합은 '사람이 우주의 특정한 합일을 발견할 수 있게 하고 동시에 세상의 완전한 한 부분으로서 그 자신의 운명을 인식하게 해준다'[9].

넓게 말해서, 얀뜨라의 상징적 구문론은 우주적인 것과 심리적인 것 즉, 대우주와 소우주 두 개의 특수한 차원으로 나눌 수 있다. 또다시 우주적 차원은 신적 모티브와 만뜨라적 요소로 나눌 수 있다. 신적 모티브는 얀뜨라의 상징체계의 핵심이지만, 그것은 특정한 신성이 나타내는 우주의 형이상학적 원리와 법칙 및 절차를 인지해야만 충분한 의미를 알 수 있다. 예를 들어, 깔리 여신은 창조와 파괴의 우주적 활동을 나타낸다. 그리고 깔리 얀뜨라는 깔리 여신이 머무는 곳이며 깔리 여신이 구현된 형이상학적 '진리'의 상징적인 현시이다.

얀뜨라 체계의 두번째 측면은 만뜨라적 요소다. 얀뜨라에 새겨진 산스끄리뜨 음절은 소리-진동을 통해 영향력을 발휘하는 신성 또는 우주적 힘을 나타내는 '사고-형태'이다.(2장 참조) 만뜨라는 본질적으로 우주적 소리의 투사(나다 = 쉬바-샥띠의 결합에서 나온 진동의 원리, 절대적 원리)이기 때문에, 그것은 영원한 세계가 만뜨라의 균형상태로 상징되는 것으로 딴뜨라에 기술된다. 소리는 얀뜨라의 형태만큼이나 중요하게 간주된다. 왜냐하면 형태는 본질적으로 물질로서 압축된 소리이기 때문이다.

얀뜨라 체계의 세 번째 측면은 정신-우주적 상징체계이다. 얀뜨라의 우주적 의미에도 불구하고 얀뜨라는 현존하는 실재다. 딴뜨라에 존재하는 외부 세계(대우주)와 인간 내부 세계(소우주) 간의 관계 때문에, 하나의 얀뜨라에 포함된 모든 상징은 내부-외부 통합에서 같이 공명하고, 미묘한 몸과 인간 의식의 측면과 결합한다.(5장 참조) 가령 얀뜨라의 빈두는 절대적 원리의 표상으로 보았을 때는 우주적이다. 하지만 수행자의 영적 중심과 관련지었을 때에는 심리적이다. 이런 두 개의 인식적 차원을 조절함으로써, 얀뜨라는 심리적 실체를 우주적으로, 우주적인 것을 심리적인 것으로 전환한다.

얀뜨라 구문 체계의 이러한 각 차원들은 다른 모든 것들과 동일시 될 수도 있다. 그러므로 신적 모티브는 만뜨라에서도 표현될 수 있다. 여러 사례에서 보듯, 신의 상징은 얀뜨라의 중심에 새겨진 씨앗 소리(비자-만뜨라) (2장 참조)거나, 만뜨라는 동시에 신과 (3장 참조) 신체-우주의 유사성에 연관될 수 있다. 또는 우주적 정체성을 지닌 인간의 신체는 요가의 과정에서 '도구' 즉 얀뜨라가 될 수도 있다.(5장 참조)

딴뜨리즘은 이런 상호작용의 가장 복잡한 네트워크를 발전시켰다. 체계적 차원들을 구분짓고자 한다면, 이러한 구분은 모두 상호의존적이기 때문에 서로 다른 것들 없이 존재할 수 없다. 그래서 상징적 체계는 딴뜨라적 우주의 모든 차원들을 통합한다. 그것은 독특한 인도 사상의 생명에 대한 전체론적 관점에 근거를 두고 있다. 근원적인 의식에서, 어떤 종류이든 구성 요소의 분리는 환상을 불러오는 것이기 쉽다. 정신과 우주, 신과 만뜨라 사이에 차이점은 부수적인 것이다. 얀뜨라에서 의례와 명상의 근원적 목표는 모든 차원을 하나의 상태로 융합하는 것이다. 여기에 얀뜨라의 상징적 통일성이 있다.

얀뜨라 체계의 복합적인 본질은 모든 얀뜨라를 '주술적' 다이어그램으로 잘못된 정의를 내린 몇 몇 학자의 관점을 수정해야 할 필요성이 있다. 주술적인 목적으로 사용된 다이어그램은 오랜 전통 안에서 발전된 따로 분리된 범주에 들어간다(8장 참조). 그리고 그러한 얀뜨라의 역할은 명상에 쓰이는 얀뜨라와 비교하여 지엽적이라고 할 수 있다.

다양성과 유형

얀뜨라는 특수한 경우 일시적으로 바닥이나 벽처럼 평평한 표면에 그려지지만, 대부분 일반적으로 종이에 그려졌거나, 금속이나 수정 위에 새겨졌다. 입체적 얀뜨라는 작은 규모부터 건축물에까지 이른다(7장 참조).

무궁무진한 수의 새로운 얀뜨라들은 기본적인 모양을 재배열하거나 만뜨라를 자리바꿈하여 만들어질 수 있다. 새로운 얀뜨라는 각각 새로운 만뜨라-결합을 가지고 창조되었다. 특정한 종교적 관념을 나타내는 특정 얀뜨라는 셀 수 없이 다양하게 구성되어 있다. 예를 들어, 어떤 딴뜨라 문헌은 달의 여신들(니띠야-샥띠Nitya-Śaktis)의 16가지 얀뜨라들이 어떤 방식으로 자신들의 만뜨라를 재할당하여 9,216개의 다양한 형태들로 확장될 수 있는지 설명한다.[10]

한 전통에 속한 얀뜨라는 다른 전통으로부터 갖가지 요소를 차용할 수 있고, 얀뜨라의 풍부함은 다양한 차원의 분류를 전제한다. 얀뜨라는 특정 형이상학적 관념에 얀뜨라를 적용한 베다[11], 딴뜨라, 불교 전통[12]에도 존재한다. 이중 가장 오래된 것은 베다의 얀뜨라다. 딴뜨라적 얀뜨라는 가장 수가 많고 다양하다. 그리고 불교 만달라(문자적 의미는 원)는 정밀한 직선 구성 안에 복잡한 이미지의 결합이므로 얀뜨라와 다르다. 하지만 같은 사상을 전달하고, 같은 종교적 목적으로 쓰이고, 현존하는 형태로서 얀뜨라에 독특한 공헌을 한다. 많은 얀뜨라는 자이나교의 원천[13]에서 발생했고, 자이나교의 명상적인 관념을 구체화하였다.

얀뜨라는 그것들의 용도에 따라 분류될 수 있다. 몇 몇 '건축 얀뜨라'는 사원의 평면도를 위해 가장 중요하게 사용되었다(7장 참조). 다른 것들은 점성학에 쓰였다.[14] 하지만, 가장 중요하게 사용된 것은 제의 숭배이다(4,5장 참조). 남신에 바쳐진 얀뜨라도 있고, 여신에 바쳐진 얀뜨라도 있고, 두 신에게 공동으로 바쳐진 얀뜨라도 있다. 또한 하나의 여신의 다양한 모양에 바쳐진 얀뜨라도 있다(3장 참조). 어떤 얀뜨라는 주술적 목적에 의도되었고, 이런 류의 많은 얀뜨라는 부적으로 사용되었다(8장 참조). 게다가 얀뜨라와 만달라 둘 다 유사하게 상징적인 종류의 온전히 추상적 디자인의 얀뜨라가 몇 개 있다. 이 얀뜨라는 생강뿌리 풀로 집의 벽이나 마루 위에 여자들이 그리거나 축제나 종교적 의식 기간에 색깔로 무늬를 입혔다. 이런 길상(吉祥)의 상징은 알리빠나(Alipana) 또는 랑골리(Rangoli)로 알려졌고, 인도 곳곳에서 발견된다.

힌두교의 전통에서 배불뚝이 토기나 구리 항아리도 역시 얀뜨라로 사용되었다. 상서로운 기호와 제식의 요소를 포함하여 장식된 망갈라 가따(Mangala Ghata)라고 불리는 이 항아리는 상징적으로 불멸의 신들이 마시는 술을 담고 있는 용기이다. 항아리의 둥근 형태는 우주에 대한 적절한 묘사이다. 그리고 그것에 채워져 있는 물은 우주의 근원적인 힘을 상징한다. 완전한 얀뜨라로써 항아리에 대한 숭배는 벵갈지방에서 매우 일반적이다. 기하학적 얀뜨라를 위한 대용품으로 사용되지 않았을 때, 일반적으로 길조의 상징으로 성상 앞이나 마루에 그려진 만달라의 중앙에 놓여진다. 티벳 전통에서, 수행자가 항아리에 채워져 있는 상징적인 우주의 물로부터 생긴 완전한 사원을 명상하는 과정에서 항아리(Kumbha)는 명상을 돕기 위해 사용되었다. 또한 그러한 상징은 자이나교와 딴뜨라 전통에서도 나타난다.

정교하지만, 어떤 외부적 상징도 몸-얀뜨라(body-yantra)를 대신하지 못한다. 신체적, 정신적 차원을 포함하여, 딴뜨리즘에서 인간의 몸은 가장 강력한 영적 변형의 도구 중 하나로 여겨진다. 그것은 명상을 촉진할 수 있는 무한한 힘의 저장소이고, 시공에 나타난 절대적 존재가 진화되어 펼쳐진 신성의 가시적 토대에 대한 표현이다(5장 참조). 단지 무지한 상태로부터 얀뜨라를 인식하고 사용하는 것으로 얀뜨라가 가진 신성한 은총의 충분한 이해에 다가갈 수 있다.

알리빠나, 종교적 축제 기간에 생강뿌리물감을 가지고 마루 위에 그린 신성한 그림

'영원한 실체는 내면 안에 있다. 그래서 내면 안에서 자유를 위한 외부 수단을 찾을 어떤 필요가 있는가?'[15] 몸은 모든 제의, 비의적 공식, 제물, 명상, 예배의 신성한 중심이다. '몸 내부에 갠지스강과 야무나강이 있다. 여기에 프라야가와 바라나시, 태양과 달이 있다. 여기에 신성한 공간이 있다. 그것은 피타스(pithas; 순례의 중심지들)와 우빠피타스upapithas이다. 나는 내 몸과 같은 행복의 장소, 순례의 공간을 보지 못했다.'[16] 진실로 '사람의 몸 얀뜨라는 모든 얀뜨라 중에서 최고이다.'[17]

원형적인 전체로서 얀뜨라

현대인은 고대의 신비를 모르는 채로 자신의 정신 속에서 대극적인 힘들을 통합했을 때 만달라나 얀뜨라와 같은 패턴을 자발적으로 그리거나 꿈꾼다. 융의 광범위한 연구는 그러한 상징이 '만들어진' 것이 아니라, 본래의 내부 원천을 통해 발견되었다는 것을 증명하였다. 그것은 우주적인 인간의 충동에서 발생하고, 육체적으로나 영적으로 삶과 동떨어지지 않은 원형적인 언어로서 '초시간적인' 우주의 원리를 구체화한다. 이는 유사한 원형적인 형태들이 놀라울 정도로 자주 세계의 다양한 문화에 나타난다는 사실에서 명백히 드러난다. 예를 들어, 만달라와 같은 형태는 이슬람 예술의 수정 결정 형태, 나바호 인디안의 모래-그림, 켈트 예술의 주제와 수피Sufi의 회전 춤 형태에서 발견되었다. 그러므로 얀뜨라는 단지 특정 숭배의 종교적 기호가 아니라 객관적인 표현을 구성한다. 얀뜨라는 모든 문화적 장벽과 모든 인류의 유산을 초월하는 인식의 형태로서 의식의 원초적 흔적들이다.

원시 사회에서 인간은 자신을 자연의 일부분으로, 자연을 그 자신의 일부분으로 보았다. 인간은 이러한 합일의 비전을 가지고 신성한 상징들을 창조했고 초월적 경험을 위해 이들을 활용했다. 인간은 신성한 상징들을 통해 스스로를 모든 존재의 요소들이 상호연관된 삶을 가지고 숨쉬거나 움직이는 '신성시 된' 우주의 일부로서 볼 수 있었다. 원시인에게 우주는 질적인 의미를 내포하고 있다. 반면, 현대인들은 우주를 '세속화'하고, 우주의 단편적인 시각을 발전시키고 자연과의 본래적인 합일을 잃어버렸다. 이러한 수량화(quantification)는 주관적 정체성과 내외적 힘을 상실하는 '안으로부터의 소외'를 초래한다. 융은 사람들이 살아가는 데 가장 필요한 것은 상징적 삶을 일구어 자신의 본질을 발견하는 것이라고 말했다. '사람은 상징적 삶을 필요로 한

9. 모든 몸들은 영혼에 이르는 것 처럼 얀뜨라는 신성에 이른다.

신성으로부터 분리되어 있지 않은 진실과 신성들의 성스러운 영역이다. 가장 위의 그림은 공간으로서 하늘과 대기, 땅의 세 부분을 지배하는 부봐네슈와리(Bhuvanesvari) 여신의 얀뜨라이다. 아래 왼쪽 그림은 우주적 자궁 (visvayoni)을 상징하는 삼각형 위에 위치한 쉬바 - 샥띠 즉 남성과 여성 원리의 도상과 함께 비스바요니(Visvayoni). 아래 오른쪽은 흰 점(bindu)으로 표현된 쉬바와 남성과 여성원리의 합일로서 상징화된 근원적 삼각형 안에 위치 한 붉은 점으로서 샥띠. 네팔, 1761년경, 종이 위에 구아슈 물감

33

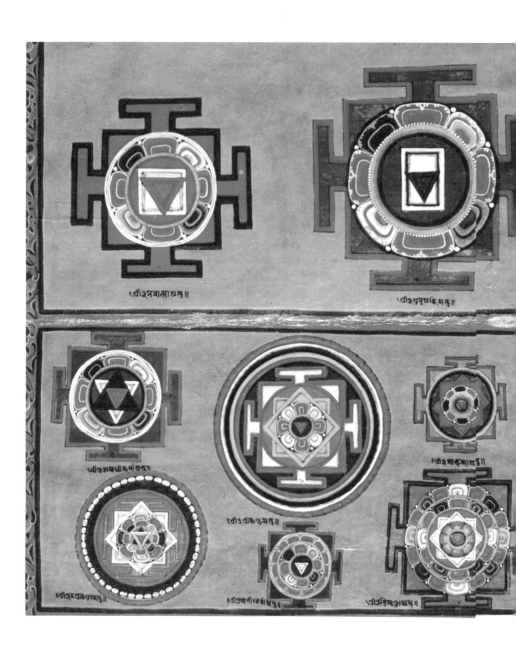

10, 11. 본래의 전체성안에 우주의 이미지로서 얀뜨라. 삼각형과 원, 연꽃잎, 사각형, T자형 문을 포함하여 구성되어 있는 다양한 기하학적 배치는 신비한 점인 빈두 위에 중심을 두고 있다. 위의 뿌르네슈와리Purnesvari 여신의 얀뜨라는 근원적 중심에 의해 유지되는 우주적 힘의 균형을 구체화한 신성의 원형적 이미지이다. 네팔, 1761년경, 종이 위에 구아슈 물감

12. 우주적 물속에서 떠있는 나바-요니Nava-yoni 짜끄라, 여성과 남성 원리의 통합에 의해 우주의 창조를 나타낸다. 위와 아래쪽을 향한 뾰족한 삼각형이 서로 관통되어 표현된다. 아홉 개(nava)의 우주적 자궁(yoni)을 가리키는 삼각형에 새겨진 숫자 9

다. 하지만 우리는 상징적 삶을 가지고 있지 않다. 당신은 인도에서 볼 수 있는 것처럼 집 한 구석에 의식을 수행할 수 있는 장소를 마련해 두었는가?'[18]

얀뜨라와 같은 상징들은 정신적 에너지의 변형이다. 이러한 상징들만으로도 우리는 '전체적 인간의 잃어버린 부분'을 발견하여 보다 기쁘고, 빛나며, 무한히 유의미한 삶을 살 수 있다.

2. 원형적 공간과 신성한 소리

모든 문명에는 영적 의미가 충만한 신성화된 장소와 신성한 지역이 있다. 사원, 동굴, 성소 또는 바위 같은 형상들은 축적된 에너지가 만나는 중요한 접점이자 중심지 역할을 한다. 전통적 전형에 따라 신성화된 이러한 장소들은 신성을 획득하고, 이러한 '성역'은 원형적인 신성한 공간을 그 주변으로부터 분리한다. 그 성역 안에 있는 세계와 성역 밖에 있는 세계, 이 두 영역은 또한 사람들의 세속적인 관심사로부터의 정신적인 분리를 의미한다.

어떤 형태로든 둘러싸고 있는 성역의 형태를 취하는 벽, 울타리, 주술적 원(magic circle)은 눈에 보이는 것과 보이지 않는 것 사이에 세워져 있고, 두 개의 구별된 실재 사이에 의례적인 분리를 느끼도록 한다. 하나는 스스로 신성을 명백히 나타내는 것으로 신성스럽고, 다른 것은 일상적 삶을 살아가는 존재의 영역으로 세속적이다.

한 번 신성화된 것은, 심지어 하찮은 돌이라도 유일성과 영적인 의미로 중요해진다. 인도에서 종종 신성한 성역이 표시된 그러한 공간을 우연히 발견하게 된다. 주황색으로 칠해진 단순한 돌이 나무의 아래에 있거나, 신성한 음절이나 어떤 신의 이름이 벽 위에 아무렇게나 적혀 있을 수도 있다.

그러한 이미지들은 신비한 방식으로 근원적 실체에 대한 속성을 부여받은 후, 생명력을 가지고 '말하고', '움직이고', '숨을 쉰다'. 그러한 공간과 이미지에 있는 의미를 찾는 구도자에게 과거에 그것들은 셀 수 없이 많은 원형의 저장소로 보전되어 현재에 관여한다. 그러한 관여는 필연적으로 과거는 단지 죽은 일련의 사건들이라 여기는 현대인의 선형적 시간관이 수반하는 모든 관념들의 균형을 깨뜨린다. 그러므로 원형적 이미지들은 원래부터 내재된 기능들을 더욱 분명히 함으로써 새로운 보는 방법을 요구한다. 크든지 작든지, 추상적이든지 상징적이든지, 단순하든지 정교하든지 그러한 모든 이미지들은 궁극적인 실재가 되기 위해 유지하는 영적 가치를 가진다. 그러한 영적 가치에 헌신함으로 신성한 기본형을 재창조하고 신이 스스로를 명확히 나타낸 중심의 상징체계를 재현한다. 얀뜨라가 표현하는 성역은 이와 유사한 원리를 따르고 고대의 직관과 일치된다.

야주르 베다(23, 60-61)에서, 성스런 불로 봉헌을 올리는 사제와 수행자 사이에 대화를 묘사한 부분이 나오는데 이런 개념을 요약하고 있다. 구도자가 질문을 한다.

> 누가 이 세계의 중심을 알고 있습니까? 누가 하늘을 알고, 땅을 알며, 그것들 사이에 넓은 대기를 알고 있습니까? 누가 위대한 수리야(태양)의 탄생을 알고 있습니까? 땅의 가장 맨 끝의 경계는 어디입니까? 세계의 중심에 어디에 있습니까? 스승이 그에게 대답하였다. 이 제단은 땅의 가장 맨 끝의 경계이며, 우리들의 봉헌물은 세상의 중심이다.

이처럼 비록 벽돌과 회반죽으로 만들어지더라도, 성화를 바치는 제단은 우주의 실재와 영적 중심으로 변화되었다. 그리고 제단은 세속과 전혀 별개로 신비한 '시간'과 '공간'으로 존재하기 시작한다. 마찬가지로, 얀뜨라의 근원적 공간은 수행자에 의해 인식된 신성한 실재가 된다.

우리는 일상적으로 측정 단위를 바탕으로 우리와 관계된 공간을 불규칙한 실재로 본다. 우리에게 공간은 본질적으로 양적이다. 즉 우리는 그것을 치수, 부피, 넓이의 형태로 이해한다. 반면 요가 명상의 경우, 얀뜨라를 사용하는 요가 수행자들에게 제한된 모양 안에 둘러싸인 공간은 순수히 질적이다. 즉 공간은 절대적으로 비어 있고, 생명 그 자체를 의미하는 에너지와 통하는 것으로 '신비 그 자체'이다.

얀뜨라는 원형적인 단위이다. 그리고 원형적인 활동과 신의 계시는 온갖 새로운 얀뜨라를 만드는 것으로 그 스스로를 반복한다. 각 얀뜨라의 신성한 공간은 신들을 위한 거주지로서 쓰인다. 그리고 세속적 삶의 수준으로부터 심원한 실체의 수준까지 상승이 가능하도록 하나의 공간으로 사용된다. 상징과 의미가 너무 비슷하게 혼합되어서 분간할 수 없는 실체가 된다. 예를 들어 여신 깔리의 얀뜨라는 그녀의 상징일 뿐만 아니라 깔리 그 자신이고 얀뜨라의 '형이상학적' 공간 안에서 명상을 통해 경험된 깔리 여신의 전체성에서 없어서는 안되는 보완물이 된다. 우리는 단지 깔리의 존재로 얀뜨라를 인지할 뿐만 아니라, 여신의 영혼으로서도 그녀의 존재를 이해한다. 그러므로 지혜로운 자는 '여신(mahesi)과 얀뜨라 사이에 차이점이 없음을 않다'고 전해진다.[1]

모든 얀뜨라는 신성한 에너지가 나오는 우주적인 영역(kshetra)인 에너지 장을 창조한다. 얀뜨라 내부에서 위치한 선과 평면은 외부 경계를 둘러싸고 있는 모든 공간으로부터 구별된 초월적인 실재의 표현이다. 우주에 산재한 모든 형태의 궁극적인 토대는 공간이다. 비어 있는 공간은 근원적인 실체와 신성의 본질 안에 있다. 근원적인 실체의 거주지인 전 우주는 외부로부터 도움 없이도 유지될 수 있다.

절대적인 비어있음(空)은 모든 공간 분할을 환영으로 본다. 인도의 한 철학자에 의하면, 이는 상대적인 것으로부터 분리할 수 없으며, 늘 존재하고 구분되지 않는 연속체의 무한한 바다로 정의되었다. 그래서 하나의 얀뜨라의 공간들은 상징적으로 현재로 인도할 수 있고, 태양계 안에 있는 공간으로서 광대한 존재로도 표현될 수 있다. 이것은 추상적 차원에서는 얀뜨라의 공간 개념을 작동시키는 불변의 원리이나, 인간적 경험 차원에서는 공간적 분할을 만들어냄으로써 신성을 찾아내도록 유도한다. 네 개의 방위에 울타리를 정하는 행위는 얀뜨라를 신성한 구역으로 범위를 정하고, 그것의 공간적인 방위를 정하는 것이다. 그것은 신성한 공간이 시작되는 것이라고 주장하는 행위이기도 하다.

원형 공간의 원리 : 중심에서 주변으로

얀뜨라의 시각적 초점은 항상 중심에 있다. 모든 선들이 교차하는 지점인 중심은 궁극의 창조적인 핵이다. 얀뜨라의 중심핵은 신이 현현하는 장소(pithasthana)이다. 중심에 있는 우주적 지대는 바깥으로 향한 모든 서킷과 선의 내부 초점이다.

신성한 중심에서 신의 현현은 의인화된 형태나 표상으로 재현된다. 이 점은 Om, Hring, Sring, Kring 등 신의 만뜨라적 씨앗-음절로 표시되기도 한다. 몇 가지 사례에서 보듯이 특히 슈리 얀뜨라와 깔리 얀뜨라처럼 중요한 얀뜨라에서는 중심에 위치한 만뜨라나 신의 이미지가 가장 추상적인 상징이다. 또한 수학적으로 면적을 갖지 않은 빈두를 대신하기도 한다.

딴뜨라에서 빈두는 여러가지로 해석이 된다. 에너지가 압축될 수 없는 한계를 넘어선 궁극의 형상으로써 빈두는 첫째 원리인 신의 적합한 상징이다. 그러므로, 빈두는 전체 또는 '충만(puma)'이고, 분리될 수 없는 것이고 모든 것을 포함하는 무한의 저장소이다.

이러한 연관성을 지닌 빈두 상징은 우주의 창조적인 매트릭스, '세상-씨앗'(visva-bija), 기원점, 우주 창조의 과정으로 회귀와 같은 우주론적인 용어이다. 형이상학적으로, 빈두는 물질과 영혼의 무한정한 우주를 창조하기 위해 확장되는 정적 우주 원리(남성, 쉬바)와 동적인 우주의 원리(여성, 샥띠)의 결합을 나타낸다.

우리가 볼 수 있는 것처럼, 명상에서 빈두는 수행자와 신의 궁극적인 합일이 일어나는 완전한 영역이다. 빈두의 중심은 산크툼 산크토룸(sanctum sanctorum), 세속적인 행복을 초월한 거주지(sarva-anandamaya)이고, 사다나(sadhana; 수행)의 궁극적인 목표, 존재-의식-희열(Sat-Cit-Ananda)이다. 역설적으로 전체성과의 통합의 형이상학적 마지막 지점이며, 완전한 공(Sunya)은 또한 우주의 첫째 원인이다. 그래서 빈두는 모든 시간을 넘어선 영역이고, 모든 생명의 근원이자 원천으로서 시간과 존재적 차원에서 상징적으로 기능한다. 수행자의 관점에서 주관적으로 보면, 빈두는 이마에 위치한 것으로 시각화된 미묘한 정신체의 에너지 중심에 대응한다. 얀뜨라 명상에서, 얀뜨라의 중심 지점과 수행자의 절대적 중심은 정신적 집중에 의해서 합치된다.

따라서 빈두는 다양한 개념을 전달한다. 창조의 근원적 매트릭스로써 기능하는 우주론적인 빈두가 있다. 그리고 수행자 자신의 영적 중심을 반영시키는 심리적인 빈두, 남성과 여성 원리의 합일을 표현하는 형이상학적 빈두, 딴뜨라에서는 심지어 인간의 정액으로 농축되었다는 생리학적인 빈두의 개념으로까지 발전시켰다.

얀뜨라가 만들어진 '근원이나 뿌리'로서 삼각형, 원, 사각형은 시각적으로 정돈된 형태로 더 이상 작아질 수 없는 모양이기 때문에 본질적으로 '근원적'이다. 창조의 리듬은 우주적 장소인 원초적 삼각형의 상징 안에 구체화되어 있다. 신성한 성역의 근원적 기호는 공간이 세 줄 이하의 선으로는 형성될 수 없기 때문에, 그러므로 삼각형은 창조 이전에 격변하던 혼돈으로부터 출현한 첫번째 상징적 형태로 고안되었다. 이런 측면에서, 삼각형은 자연의 근원 매트릭스로 알려져 있다. (mula-trikona; mula=근원, trikona =삼각형) 또한 역삼각형은 존재에 있는 불활성화 된 에너지에 힘이나 운동력을 제공하는 동적인 역동성으로 창조적-어머니이자 여성적 힘 샥띠의 상징이다. 그것은 샥띠-원리의 여성 표상(yoni-mandala)이다. 역삼각형은 여신에게 봉헌된 대부분의 얀뜨라의 극미한 핵을 둘러싸고 있는 최초의 구획이다. 그리고 위대한 여신 깔리의 상징이다. 위쪽으로 향한 정점을 가진 정삼각형은 남성 원리(Purusha)를 나타내고 쉬바의 표상이다. 숫자로 나타내면 3이 된다.

빈두가 에너지의 결집인 반면, 원은 순환 에너지, 수축과 팽창의 천문학상 변화, 둥근 우주적 리듬을 표현한다. 이 이미지에는 시작도 끝도 없는 시간의 관념이 담겨 있다. 공간에서 가장 멀리 떨어진 구역과 원자 구조의 가장 가운데 있는 중심은 삶의 불변하는 흐름과 창조의 규칙적인 순환 에너지에 의해 묶여져 있다. 또한 원은 응축된 형태 안에서 또는 확장하는 우주로서의 거대한 크기 안에 빈두로서 여겨질 수도 있다. 그것을 수로 대응시키면 0이다.[2]

이런 세 가지 기본적인 모양 즉 점, 삼각형, 원은 복잡하게 얽힌 결합과 변형으로 나타나고, 여러 가지 방식들로 연결될 수도 있다. 가장 일반적인 형태는 두 개의 삼각형의 겹침으로 꼭지가 6개인 별이 형성되는 모양이다. 위를 향하는 '남성'과 아래로 향하는 '여성'은 합일의 완벽한 상태에서 남성과 여성, 정신과 물질, 정적인 것과 동적인 것의 양극 융합의 개념을 발생시킨다. 이 모양은 숫자 6에 상응한다. 마찬가지로, 정사각형 위에 정사각형을 포개어 생긴 여덟 개의 각을 가진 형태 아스타코나(astakona)의 대응 숫자는 무한대의 기호이자 공간의 여덟 방향과 시간의 끝없는 순환을 나타내는 8이다. 5각형 별은 5의 수적 질서로 공간의 완전한 구성을 설명한다. 이런 형상의 상징적인 준거는 쉬바의 5가지의 양상 안에 창조적이고 파괴적인 힘이다. 힌두교 삼위의 주요 신 중 하나로서, 쉬바는 셀 수 없이 많은 형태로 나타난다. 그의 5가지 양상의 칭호도 포함한다. 죽음의 정복자=Mrityunjaya, 지식의 화신=Dakshina-murti, 욕망의 지배자= Kamesvara, 생명의 신= Pranamaya-Murti, 원소의 지배자= Bhutesha이다.

연꽃은 얀뜨라에서 사용되는 근원적 원형의 상징 중에 하나이다. 일반적으로 주변을 향해 뾰족하게 향한 꽃잎들은 주축을 중심으로 결집되므로, 이는 에너지 확산이나 신의 본질을 설명하는 이미지로 적절하다.

고대 인도인의 우주론에서, 연꽃은 창조 신화와 관련되었고 우주의 물질적 기반을 구성하는 한 유형이다. 예를 들어 연꽃은 비슈누의 배꼽으로부터 튀어 나와 인도 삼신의 첫째인 브람마Brahma의 탄생과 그를 떠받치는 것으로 그려졌다. 창조된 세계의 수면 상태를 상징하는 씨방으로부터 발생된다. 태초부터 연꽃은 항상 마음의 성채, 참나의 자리로 상징되어 왔다.

요기들은 우리들 내부에 실재로 존재하는 영적 중심이 있고 명상 중에 본질적 본성과 광명이 체험될 수 있다고 믿는다. 이러한 영적 중심은 때때로 상징적으로 연꽃으로 표현된다.

찬도갸 우파니샤드(VIII, 1, 1-3)에 따르면,

브라흐만Brahman의 거주지인 몸안 내부에 마음이 있다. 그리고 마음 안에는 작은 집이 있다. 이 집은 연꽃의 모양을 하고 있고, 깨달음을 구하기 위해서 연꽃 안에 머문다.

그러면, 이 집 즉, 마음의 이 연꽃 안에 무엇이 머무는가?

마음의 연꽃 안에 있는 우주는 밖에 있는 우주처럼 매우 크다. 그것 안에 하늘, 땅, 태양, 달, 번개와 모든 별이 있다. 대우주 안에 있는 무엇이든지 이 소우주 안에 있다.

비록 몸이 늙더라도, 마음의 연꽃은 늙지 않는다. 그것은 몸의 죽음과 같이 죽지 않는다. 브라흐만이 그의 모든 영광과 함께 거주하는 마음의 연꽃은, 몸이 아니라, 브라흐만의 진리의 거주지이다.

그러므로 최고 원리의 진정한 거주지는 일상생활의 평범한 실제에 의해 손상되지 않은 상태로 남아있는 연꽃에 의해 상징화된 심장 또는 인간의 중심이다. 딴뜨라의 관점에서, 연꽃은 영적으로 충만된 명상 안에서 드러난 순수한 참나이다.

쁘라나(호흡 또는 자연의 생명력)의 삶을 확장시키는 특성 그리고 진화, 발달과 결합하기 때문에, 연꽃은 영적 깨달음의 과정에서 영혼-꽃의 '바깥쪽 꽃잎'을 나타낸다. 수행자의 연꽃-장(padma-kshera)은 그의 미묘한 몸의 에너지 중심을 형성한다. 그리고 연꽃의 개화는 요가 명상의 최종적 목적에 도달했을 때 얻을 수 있는 완

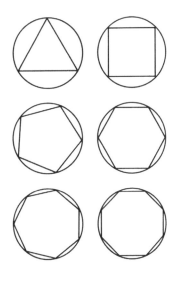

원의 균등한 분할 위에 기초한 근원적인 모양, 수학적 문헌인 Ganita Kaumudi(기원전 1356)

펼쳐진 에너지의 상징으로 연꽃

전한 평정의 상태를 의미한다.

정사각형은 대부분 얀뜨라의 기본적인 형식이다. 그것은 드러난 세계의 토대, 저장소, 기초이다. 정사각형은 초월되어야만 하는 현실의 세계를 그리고 있다. 그것의 단조로운 규칙성은 네 개의 동, 서, 남, 북 방향을 가리키고 있는 구역에 포함되어 있다. 그리고 숫자로는 4이다.

4는 정반대의 수평과 수직 쌍의 결합이고 공간의 전체성을 나타내는 네 방향으로 확장되는 세계의 상징이다. 정사각형은 얀뜨라 형상을 떠받치는 질서와 완전의 형태이다.

원, 정사각형, 삼각형, 연꽃의 이런 형태들은 각각 완전한 얀뜨라로 작용하거나 여러 개의 선형적 서킷과 결합된다. 각각의 근원적인 상징은 그것이 작용하는 의식의 층과 맥락에 따라서 여러 의미를 갖고 있다.

네 개의 T자 모양의 입구가 얀뜨라 형상의 외면에 있다. 그것들은 네 개의 주요 방향에 위치하고 수행자들이 상징적으로 우주적 에너지 장으로 들어가는 우주의 문으로 알려져 있다. 얀뜨라의 내부를 가리키고 있는 방향, 즉 입구는 외부 세계와 대립함과 동시에 실체를 수용하는 통과 관문이다.

확장된 문으로서 입구는 존재의 물질적 층면(bhugraha) 또는 물질성의 영역이다. 그리고 완성을 향해 상승하기 위한 가장 낮은 지점을 의미한다. 사실상 그것들은 '세속적' 외부와 얀뜨라의 신성한 공간인 '내부' 사이의 물질적 통로를 나타낸다. 공간의 방향과 한계를 정하는 것과 관련이 있는 접경 지대들은 부정적인 에너지가 들어오는 것을 방어하는 복합적인 신의 도상을 가지고 있다. T자 형태의 입구와 얀뜨라의 정사각형의 닫힌 영역을 관장하는 천공의 신(Lokapalas)은 숫자로는 공간의 네 지배자, 동서남북 사이의 중간 방향, 천정과 바닥에 대응해서 4, 8, 10이 된다. 여신들에게 바쳐진 얀뜨라에서 샥띠를 보조하는 집단 또는 여덟 바이라바(Bhairavas; 쉬바의 별칭)들은 문의 측면에 접해 있다.

사바또바드라(Sarvatobhadra; 정사각형 격자)형태와 같은 완전히 폐쇄된 서킷으로 구성된 얀뜨라에서, 각각의 외부 정사각형(pada)은 때때로 삼지창, 막대기, 올무 등의 표상으로 표시되어서 네 방위 중 하나의 수호신에게 부여된다. 하지만 모든 얀뜨라의 유형에서 수호신의 기본적인 기능은 같다. 즉 부정적이고 파괴적인 에너지로부터 신성한 지역을 보호하는 것이다.

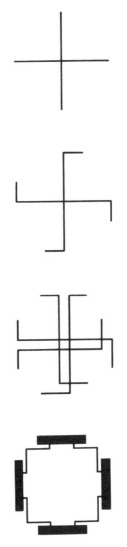

십자가 한 쌍의 만자로 확장되는 것은 우도(right-hand)와 좌도(left-hand)의 수행법 둘 다에 의해서만 도달될 수 있는 궁극의 원리를 가리킨다. 완전히 형성된 얀뜨라의 사각형 영역은 4면으로 열려진 문이며 신성한 중심으로 향한 안내이다.

신성한 소리

얀뜨라의 에너지를 더욱 증강시키는 미묘한 진동은 얀뜨라와 불가분의 관계이다. 이런 소리 요소는 얀뜨라 위에 적힌 문자에 의해 자주 나타난다. 그리고 소리 원리에서 모든 얀뜨라는 산스끄리뜨 문자의 신비적 결합과 관계되어 있다. 얀뜨라의 내적인 역학은 신성의 완벽한 '정의(definition)'를 구성하기 위한 소리와 형상의 두 결합으로서 소리 역학 체계와 분리해서는 결코 이해될 수 없다.

얀뜨라-만뜨라 결합은 기본적으로 말하거나 쓰여진 단어로 나타나는 한정된 형태의 진동들과 형상이 나타나는 거친 형태의 공간(akasa)을 결합하는 평형상태이다.

그러므로 본질적으로 산스끄리뜨 문자로 구성된 신비한 소리 조합과 Krim, Hrim, Srim, Aim처럼 극미한 단음절로 구성된 단순한 만뜨라와 그런 음절들의 연속으로 이루어진 좀 더 복잡한 만뜨라의 세 종류로 구분된다. 거의 모든 얀뜨라는 단순하든 복잡하든 얀뜨라 위에 쓰인 몇 개의 만뜨라의 형태를 가지고 있다.

다른 만뜨라 문자들이 얀뜨라의 연꽃 꽃잎 위나 외곽 사각형의 띠(bhupura)위나 동그라미

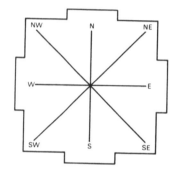

얀뜨라의 소우주적 세계를 보호하고 지키는 공간의 여덟 구역의 신성을 가리키는 여덟 방위

락슈미 여신의 Srim 씨앗 만뜨라, 행운과 충만의 샥띠

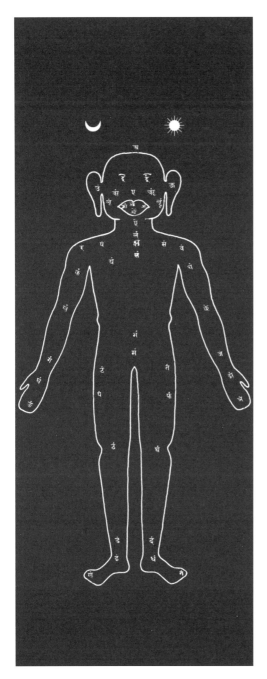

산스끄리뜨 알파벳, 안가-니아사Anga-nyasa로
알려진 의식안에서 활성화 되고 미묘한 신체의
각 부분들과 관련된 우주적 소리의 상징, After
the Sanskrit work Tararahasya(138-40)

주위나 선들의 교차에 의해 형성된 공간 안에 배열되는 반면에, 얀뜨라의 중심에는 일반적으로 그것과 관련있는 만뜨라의 가장 중요한 음절들이 적혀 있다. 어떤 얀뜨라들은 얀뜨라가 나타내는 특정한 데바타(수호신)와 관련된 만뜨라의 전 구절을 담고 있는 반면에 특정하고 중요한 얀뜨라는 산스끄리뜨 알파벳의 모든 모음과 자음을 담고 있다.

신들을 통해 드러난 우주의 무한한 다양성은 도상의 이미지에서 가장 숨김 없이 명백하게 나타나고, 그 다음 얀뜨라로써 좀 더 추상적이고 만뜨라에서 가장 미묘하다. 만뜨라는 진동을 통해 데바타나 우주의 에너지의 상세한 구조를 투영한다. 문자에 압축된 만뜨라 에너지는 인간의 이해 너머에 있는 영적 힘이 수행자에게 전해져오는 것으로서 나타난다. 정확한 발음, 연결, 올바른 리듬, 강세, 억양, 정신적 태도로 구도자의 마음 안에 활력 있는 에너지를 불어 넣어서 만뜨라는 '얀뜨라의 영혼'(Kularnava Tantra)이 된다.

음절별로 의미를 세밀히 구분해서 개념상의 용어로 만뜨라를 보는 것이 가장 흔한 오류이다. 만뜨라는 음성언어의 일부나 문법의 요소로 간주되지 않는다. 그것들은 소리 진동에 공명하는 파동의 만뜨라 음절에 의하여 말로 나타낼 수 없는 것을 분명히 발음한 논증할 수 없는 상징이다. 운율적 만뜨라의 집중된 상징과 얀뜨라의 잘 짜여진 전체는 수행자에서 적절한 정신적 상태를 일으키기 위해 일치된다.

만뜨라의 의도된 효과가 나타나려면 반드시 구루에 의해 제자에게 전달되어야 한다. 만뜨라는 갑옷(cuirass)이라는 의미를 가지는 외부의 사악한 영향으로부터 보호하기 위한 공식을 말하는 까바카(Kavaca)나, 경전에 기초를 둔 만뜨라인 야말라(yamala)나, 만뜨라를 담아 기억하는 방식으로 다라니(dharani)로부터 구별된다.[3]

소리의 거미줄과 같은 망으로서 세계의 이미지는 딴뜨라의 변하지 않는 주제이다. 사라다띨라까(Saradatilaka) 딴뜨라[4]는 우주적 에너지가 울려퍼지는 산스끄리뜨 문자들의 뒤얽힌 망 조직으로 구성되어 가공의 세계수(世界樹; lipi-taru)를 제시한다. 다섯 원소(흙, 물, 불, 공기, 에테르)로 구성된 완전한 물리적 우주는 세계수의 여러 부분 위에서 일련의 소리 결합으로 나타난다. 세계수의 씨앗은 스스로 창조되는 새로운 원리이며, 그것의 뿌리들은 영원한 남성과 여성 원리로부터 뿜어나오는 우주적 '지점'이자 진동(빈두와 나다)이다. 세계수의 가지들은 흙 원소를 표시하는 문자로 구성되어 있다. 세 개의 세상(三界)에 걸쳐 퍼진 세계수의 잎들은 물 원소를 나타내는 문자로 구성돼 있다. 보석처럼 빛나는 싹들은 불 원소를 표시하는 문자 조합들로 이뤄져 있다. 세계수의 꽃들은 공기 원소의 문자들로 나타내고, 나무의 열매는 에테르를 표현하는 문자로 구성돼 있다. 또한 사라다띨라까 딴뜨라에서는 산스끄리뜨 문자의 다섯 종류로 나누어 다섯 원소중 각각 하나씩에 해당된다. 행성과 별과 함께 태양계를 포함한 사실상 물질적 세계의 모든 면은 상징적으로 만뜨라와 대등한 관계를 나타난다.

딴뜨라사라(Tantrasara)[5]는 산스끄리뜨 문자를

Hrim, 남성과 여성 원리의 통합을 표시하는 뜨리뿌라 순다리 여신의 씨앗 만뜨라, 이것 역시 세곳의 공간을 지배하는 부바네슈와리 여신의 근원적 진동이다.

Krim, 소멸과 창조의 힘을 표현하는 깔리 여신의 씨앗 만뜨라

두 개씩, 세 개씩, 네 개씩의 조합으로 나눈다. 그리고 이런 문자 조합은 황도대의 12궁(Rasi-chakra)과 동일시된다. 인간은 진동의 체계에 포함된다. 그리고 어떤 딴뜨라[6]에서 각각의 문자는 사람 몸에서 대응하여 영향을 미친다. 마뜨리까-니아사(Matrika-nyasa)로 알려진 제의에서, 문자들은 비음인 m으로 만뜨라를 암송하는 동안 신체의 다양한 부분을 만짐으로써 제의적으로 반영된다. 수행자는 그의 미묘한 몸에 마뜨리까 샥띠의 소리 에너지를 불러오기 위해 수행한다. 유사한 제의에서 알파벳의 결합은 물리적 우주(대우주)의 측면들을 나타내고, 인체(소우주)와 밀접한 관계를 지닌다.

만뜨라 이론의 기초가 되는 소리의 탁월성과 불멸성의 가르침은 아주 오래된 역사를 갖고 있다. 그리고 딴뜨라 사상에 가장 크게 영향을 받은 카쉬미르 쉬바교(Kashmiri Saivism)의 뜨리까(Trika)파에 의해 가장 열성적으로 숭배되었다. 이 교파는 그들의 체계(Matrika śakti, 근원적인 에너지)에서 가장 상위에 위치한 형이상학적 원리에 만뜨라로 발음된 소리의 현상을 연관짓는데, 이는 만뜨라의 문자나 신비로운 음절에 잠재돼 있다. 단어로 표현되는 발화는 신체 장기와 숨에 의해 발생될 뿐아니라 그 자체로 궁극의 의식으로 간주된다. 궁극적으로 모든 문자는 마뜨리까 샥띠의 개념 안에 신성화된 우주적 에너지의 반영으로서 간주된다. 명료하게 발음된 발화와 알파벳은 작은 마뜨리까 또는 근원적 마뜨리까 샥띠의 유한한 원형이라고 할 수 있다. 아마 이런 이유에서 마뜨리까로 불리는 산스끄리뜨 알파벳 문자들은 불변하고 영원한 성질을 갖춘 근원을 공유하기 때문에 악샤라(akshara) 또는 '불멸'로 알려졌다. 마뜨리까 샥띠는 만뜨라로서 그것의 '영원한' 측면을 가지며, 평범한 언어로서 유한한 측면이라는 두 개의 다른 수준에서 언어로 발생한다.

또한 만뜨라는 발화나 단어의 신성한 기원(영속적인 발화의 단위 즉, 스포타(Sphota)는 바크(Vak) 또는 쁘라나바(Pranava) 또는 사브다-브라흐만(Sabda-Brahman)으로도 알려져 있다.)을 추적했던 산스끄리뜨어 문법학자들이 주장한 영원한 단어 즉 스포타바다(Sphotavada)의 이론과 밀접히 연관되어 있다. 그리하여 문법적 고찰의 형식주의를 신학적 담론의 신성한 위계로 승화시킨 것이다.

학자들의 주장에 따르면 모든 것의 기초는 단어(word)이다. 즉 '모든 우주가 탄생하고, 생명을 유지하고, 상호간의 사회적 행위가 가능하게 된 것은 단어-원소의 덕분이다.'[7] 이 철학자들은 보여질 수 있고 들려질 수 있는 말하는 순간만 머무는 단어들은 소리가 사고-힘으로 존재하는 미묘한 형태(madhyama)로부터 파생되었다고 주장한다. 이 너머에는 소리가 초기 상태의 개념 또는 발상으로 존재하는 소리의 또 다른 차원(pashyanti)이 있는데, 이는 '싹트기 전 나무의 씨앗'과 같은 상태이다. 궁극적으로, 소리는 '소리나지 않은' 혹은 고요한 소리로 존재하는 진동의 첫 단계, 즉 파라(Para)에 의해 발생된다.

그러므로 얀뜨라 위에 적힌 어떤 문자라도 형이상학적 원천으로 거슬러 올라갈 수 있다. 그런 다음, 이 문자는 의미 전달 수단이 아닌, 얀뜨라의 불활성화된 에너지를 이용할 수 있는 힘을 갖춘 신성한 소리의 일부 즉 유사-원형적 공간이 된다.

특정한 소리-음절은 얀뜨라와 연결되어 있다. 소리-음절 Om은 모든 현실에 널리 퍼진 기본적 사고 형태를 나타낸다. 우주에 나타난 모든 것은 Om의 현시와 연관되어, Om은 그 자체로 완전한 알파벳 얀뜨라며, 창조의 점인 빈두와 동일시된다.

흔히 얀뜨라 안에 새겨있거나 그렇지 않으면 얀뜨라와 결합하는 Hrim, Krim, Aung, Phat 등 수많은 음절들은 신성의 근원적인 뿌리 만뜨라(mula-mantra)를 이룬다. 그것들은 신성한 힘의 진수(眞髓)를 포함하고, 얀뜨라의 '뿌리' 형태를 완전하게 함으로써 씨앗 만뜨라(bija-mantras)로 불린다. 근원적인 만뜨라는 신성의 에너지가 차서 넘치는 전능한 힘을 가진 공식, 즉 '진정 신의 몸은 만뜨라의 기본적 씨앗으로부터 생겨났다(Yamala Tantra)'고 할 수 있다. 이 만뜨라들은 대개 얀뜨라의 중앙에 새겨있다. 그리고 '불멸의 원형'으로서 의인화된 신의 이미지를 대신한다.

얀뜨라를 통한 의식과 명상에서, 씨앗 만뜨라는 횡경막으로부터 발성되고, 목을 지나서, 입안을 돌고, 비음인 m으로 끝이 난다. 비록 씨앗 만뜨라는 단일 음절로 구성돼 있지만 각각의 소리는 신의 복잡한 본성 또는 속성 그 이상의 상징이다. 따라서 예를 들자면, 삼계(三界)의 여신인 부바네슈와리(Bhuvanesvari)의 씨앗 만뜨라는 네 가지 소리 H-R-I-M 로 이뤄져 있다. H=쉬바, R=쁘라끄리띠 또는 자연, I=마야 또는 창조적 연극, M=슬픔을 쫓아버리는 자이다. 그러므로 그 만뜨라는 여신의 숭배를 통해 은혜를 주고 슬픔을 사라지게 하는 여신의 전체적 특성을 나타낸다.

얀뜨라처럼 만뜨라도 종류와 목적에 따라 분류될 수 있다. 그리고 원칙적으로 특정한 하나의 얀뜨라에 상응한다. 예를 들어, 무념무상의 상태를 일으키는 만뜨라는 깨달음을 위해 사용되는 얀뜨라와 결합한다. 그리고 보호하는 기능을 가진 만뜨라는 악의 부정적 힘을 막는 얀뜨라와 한 쌍이다. 만뜨라와 얀뜨라는 서로 대응하고 상호 치환 가능한 관계로 매우 긴밀하다. 하나의 문자는 다이어그램의 형태를 띠고 '정적인' 만뜨라-얀뜨라로써 표현된다. 그리고 거꾸로 얀뜨라는 진동하는 리듬과 만뜨라의 힘으로 깨어난다.

특정한 문자가 얀뜨라로서 기능을 가질 때에, 추상적이고 기하학적인 형상을 가진다. 얀뜨라 형태에서 오리샤(Orissan) 지방의 필사본 샤얀뜨라 순야상히따(Sayantra Sunya-Samhita)에서 나타난대로 신성한 단음절어인 Om의 특징적인 도상 표현은 빈두로부터 시작해서 나선의 요소를 가지고 있는 곡선으로 진행하여 다섯 부분으로 분할되어 있다. 이들 다섯 그래픽 형태는 다섯 원소, 다섯 가지의 미묘한 정수(tanmatras), 다섯 신, 다섯 씨앗 만뜨라 등과 같이 다섯 개 양상의 우주의 기본 원리를 완전히 펼쳐놓은 것에 대응하여 형성된다.

씨앗 만뜨라 외에도, 여러 씨앗 음절로 구성된 많은 복합 만뜨라가 있다. 이 만뜨라들의 숫자, 형식, 목적은 얀뜨라와 함께 여러 딴뜨라 문헌에 설명돼 있다.

신격	씨앗 만뜨라	원소	미묘한 원소	미묘한 신체에 있는 생기(生氣)
Sudarśana	Plim̐	에테르	청각	Udāna
Simhāsana	Dhlim̐	공기	촉각	Vyāna
Jagannātha	Klim̐	불	시각	Samāna
Subhadrā	Slim̐	물	미각	Apāna
Balbhadra	Hlim̐	땅	후각	Prāṇa

옴까라 얀뜨라Omkara Yantra, 근원적인 씨앗 소리 옴의 그래픽 표현, 전 우주를 상징한다. 옴 글자는 다섯 우주적 원리안에 결정된 영원한 우주를 나타내는 다섯 형태로 나누어진다. 오리샨 종려나무잎 필사본Orissan palm-leaf. Ms. 샤얀뜨라 순야 상히따Sayantra Sunya-Samhita

만뜨라와 같이 제시된 두르가Durga(칼리 여신
의 한 모습) 다라나Dharana 얀뜨라

특정 만뜨라의 구조는 숫자와 관련한 비밀스러운 상징체계에 기초를
두고 있다. 예를 들어 쉬바에 바쳐진 만뜨라는 Na/mah Si/va/ya 다섯 글자
(pancakshara)로 구성되어 있다. 종교적 의식과 신화에서 쉬바는 우주의 다섯 양
상과 결합된다. 그의 불멸의 에너지는 다섯 활동에서 분명하게 이해되었다.
즉 그는 창조의 전부를 포용하며, 이런 측면에서 사디오자타(Sadyojata)로 알려
져 있다. 바마데바(Vamadeva)로 그것을 보전하고, 아고라(Aghora)로 흡수하거나
녹이며, 따뜨뿌루샤(Tatpurusha)로 현상의 세계를 숨기거나 비밀로 한다. 끝으
로 이사나(Isana)로 수행자에게 은혜를 주고 최종적으로 해방으로 이끄는 은
혜를 베푼다. 이 다섯 측면은 중요하고 다섯 요소, 다섯 감각, 다섯 방향(천정+
공간의 네 방위)처럼 기본적인 다섯 정신 우주적 원리와 관련되어 있다. 그럼으
로 오각형이 쉬바와 관련되어 있는 이유이다.

쉬바 만뜨라의 다섯 음절은 그의 다섯 측면에서 어떤 현상이 그 근거나 원
인을 자기 자신의 내부에 가지고 있는 상태를 말하는 내재성으로 설명된다.
그리고 이 만뜨라가 얀뜨라에 새겨졌을 때 다섯 가지 모습의 쉬바고 (Saivite)의

교의를 상징적으로 재현한다. 마찬가지로 힌두 삼신 중 둘째 신인 비슈누에게 헌정된 만뜨라는 황도 12궁과 연관되어, 태양신인 수리야의 만뜨라와 같이 Om/Na/mo Bra/ga/va/te/Va/su/de/va/ya열 두 개의 음절을 가지고 있다.

가야뜨리 만뜨라(Gayatri Mantra)

가야뜨리 만뜨라는 베다 시대 이후 널리 존중받아 온 가장 중요하고 오래된 만뜨라 중 하나이다. Om bhur bhuvah swah tat savitur varenyam, bhargo, devasya dhimahi, dhiyo yo nah pracodayat, Om - '우리가 숭배해야 하며 온 세상에 생명을 준 신의 눈부신 빛[또는 에너지]에 대해 명상할 수 있기를. 신이 우리 지성의 빛을 선한 길로 인도하시기를.' [8] 아래에 있는 표에 나타난 슈리비디야르나바(Srividyarnava) 딴뜨라[9]에 있는 가야뜨리의 만뜨라판(版)은 확장된 얀뜨라 각각의 음절이 어떻게 신, 색채, 몸의 기제와 우주 원리에 관련되어 있는지 설명한다.

이 만뜨라는 상징적으로 얀뜨라 형태를 가진 우주의 완전한 만뜨라-그림을 통합하고 있는 가야뜨리 얀뜨라의 둥근 양식 안에 그려져 있다.

가야뜨리 만뜨라의 소리 진동이 24개의 음절로 나뉘어 진 이유는 인도 사상의 전통적인 샹키야 체계의 24가지 우주 원리인 따뜨바(tattvas)에 대응시키기 위해서일 것이다. 창조적 관점에서 이 원리들은 정적이면서 동적인 전체 우주를 나타내고, 인간의 관점에서는 정신-신체적, 영적 자아 전체를 표현한다.

만뜨라 음절	색 깔	샥띠(여신)	우주원리(소·대우주)
Tat	노랑	쁘라흐라디니Prahladini	흙
Sa/	연분홍	쁘라다Pradha	물
vi/	빨강	니띠야Nytya	불
tuh	파랑	비스바바드라Visvabhadra	공기
va/	불같은	빌라시니Vilasini	에테르
re/	흰색	쁘라브하바띠Prabhavati	냄새
ni/	흰색	자야Jaya	맛
yam	흰색	산따Santa	시야
Bha/	검정	깐따Kanta	촉감
Rgo	빨강	두르가Durga	소리
De/	연꽃 위 빨강	사라스와티Saraswati	말
va/	흰색	비스바마야Visvamaya	손
sya	금노랑	비살레사Visalesa	생식기
Dhi/	흰색	비야피니Vyapini	항문
ma/	연분홍	비마라Vimala	발
hi	소라빛 흰색	따모빠하리니Tamopaharini	귀
Dhi/	크림색	슉슈마Suksma	입
yo	빨강	비스바요니Visvayoni	눈
Yo	빨강	자야바하Jayavaha	혀
Nah/	떠오르는 태양색	빠드말라야Padmalaya	코
Pra/	푸른 연꽃색	빠라Para	마음(마나스)
co/	노랑	소바Sobha	자아·감각(아함까라)
da/	흰색	바드라루빠Bhadrarupa	세계의 첫째 원인적 원리 (마하트)
yat	흰색, 빨강, 검정	뜨리무르띠Trimurti	물질적 자연의 세가지 특성 사트바, 라자스, 타마스(즉, 광휘 (光輝), 활성, 불활성)

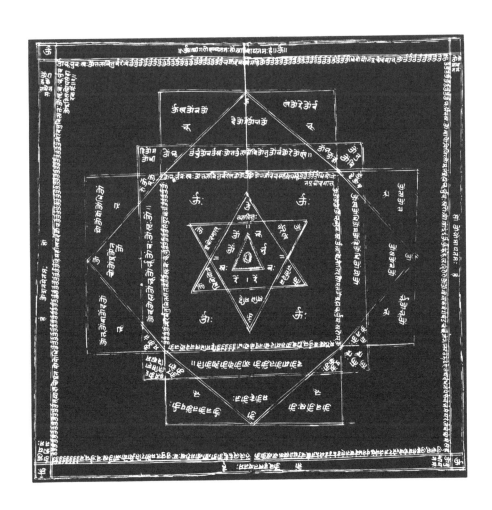

가야뜨리 만뜨라가 적힌 가야뜨리 얀뜨라. 라자스탄 19세기 경. 종이 위에 잉크와 채색

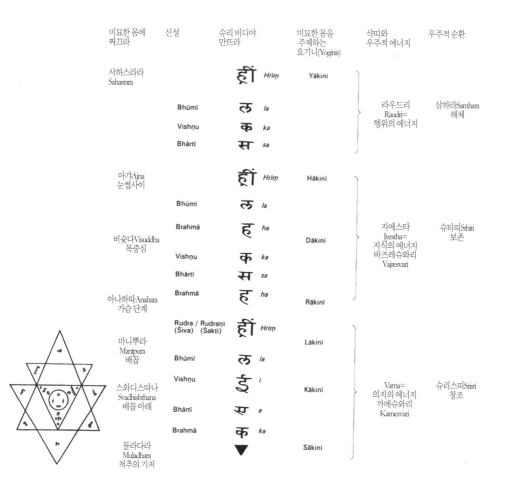

미묘한 몸에 짜끄라	신성	슈리 비디야 만뜨라	미묘한 몸을 주제하는 요기니(Yoginis)	샥띠와 우주적 에너지	우주적 순환
사하스라라 Sahasrara		ह्रीं *Hrīṃ*	Yākinī		
	Bhūmī	ल *la*		라우드리 Raudri= 행위의 에너지	삼하라Samhara 해체
	Vishṇu	क *ka*			
	Bhārtī	स *sa*			
아갸Ajna 눈썹사이		ह्रीं *Hrīṃ*	Hākinī		
	Bhūmī	ल *la*			
	Brahmā	ह *ha*		지에스타 Jyestha= 지식의 에너지 바즈레슈와리 Vajresvari	슈티띠Sthiti 보존
비슛다Visuddha 목중심	Vishṇu	क *ka*	Dākinī		
	Bhārtī	स *sa*			
아나하따Anahata 가슴 단계	Brahmā	ह *ha*	Rākinī		
	Rudra / Rudraṇī (Śiva) (Śakti)	ह्रीं *Hrīṃ*	Lākinī		
마니뿌라 Manipura 배꼽	Bhūmī	ल *la*		Vama= 의지의 에너지 까메슈와리 Kamesvari	슈리스띠Sristi 창조
스와디스따나 Svadhishthana 배꼽 아래	Vishṇu	ई *ī*	Kākinī		
	Bhārtī	य *e*			
	Brahmā	क *ka*			
물라다라 Muladhara 척추의 기저		▼	Sākinī		

나바-요니 짜끄라. 쉬바와 샥띠의 불멸의 합일을 상징하는 서로 겹쳐있는 삼각형으로 구성된 슈리 비디야 의례를 위한 얀뜨라. 우주의 모든 수준과 위계를 나타내는 원 주변에 15개의 씨앗 음절이 적혀 있다. 대우주와 소우주의 상호관계가 묘사되어 있다. 15개의 음절은 세그룹으로 나누어진다. 첫 그룹은 5개의 씨앗 진동인데, Ka는 근원적인 욕망, e는 원인으로서의 자궁, I는 생식력의 근원, la는 쉬바, Hrim은 얀뜨라를 부르는 뜨리뿌라 순다리 여신의 씨앗 음절. 둘째 그룹은 6개의 씨앗 음절로 구성되어 있는데, ha는 쉬바, sa는 쁘라끄리띠, Ka는 근원적 욕망으로 본능의 힘, ha는 쉬바의 한 측면, la는 씨앗 만뜨라 Hrim을 더한 우주의 에테르. 셋째 그룹은 4개의 음절로 구성되어 있으며, sa, ka, la, Hrim 그리고 여성과 남성원리의 이원성 안에서 합일을 나타낸다. 수행자는 각 음절의 신비한 정수에 집중함으로 우주와 같은 그의 합일을 직관하고 복합적인 상징체계를 내면화해야 한다. 바리바샤-라하샤Varivasya-Rahasya 딴뜨라

슈리 비디야 만뜨라

지식적인 측면에서 슈리 비디야 Sri Vidya 로 알려진 최고의 여신 뜨리뿌라-순다리(Tripura-Sundari)에게 바쳐진 딴뜨라 문헌인 바리바샤-라하샤(Varivasya-Rahasya)에 언급된 슈리 비디야 만뜨라는 매우 심원한 만뜨라다. 딴뜨라의 우주에 대한 시각은 현교적이거나 밀교적이거나 두 가지로 볼 수 있다. 이런 두 개의 관점은 단 하나의 교리에 두 가지 관점을 가진다. 전자는 문자 그대로 외부를 바라본다. 그래서 쉽게 이해할 수 있다. 예를 들어 딴뜨라의 신들을 현교적 입장에서 바라볼 때, 이미지 형태로 이해된다. 그러나 밀교적이거나 미묘한 관점에서는 신들은 슈리 비디야의 만뜨라와 같은 진동으로 이해된다. 보다 미묘하고 내면적인 밀교인 슈리 비디야 수행은 제자의 영적 각성 수준에 따라 개별적 가르침이 스승으로부터 구술적으로 전달되는 '비밀 집회'에 제한돼 있다. 슈리 비디야 만뜨라는 최고 여신의 부분적인 측면이고 깨달음의 에너지를 가지고 있다는 15개의 씨앗-진동으로 구성돼 있다.

이 만뜨라는 슈리 얀뜨라나 아홉 개의 삼각형으로 구성된 얀뜨라에서 (Nava-yoni Chakra) 숭배될 수 있다. 이러한 경우 열다섯 개의 밀교적 음절들은 세 가지 부류로 나누어져 빈두를 둘러싼 기본적 삼각형에 새겨진다.

슈리 비디야 수행자들은 이 열다섯 개의 음절 중 하나에는 순수 의식(Cit)의 본성이 내재되어 있다고 보았다. 이 비밀 음절은 일반적으로 문헌에 기록되지 않는다. 구루의 정확한 가르침을 통해 전달되었을 때, 수행자가 얀뜨라-만뜨라 복합체의 높은 신비적 가치를 곧바로 이해할 수 있다. 위의 가야뜨리 만뜨라와 같이 슈리 비디야 만뜨라는 정밀한 정신-우주적 상징체계를 가지고 있다.

얀뜨라에 새겨진 문자들 조합은 산스끄리뜨 구조에 논리적으로 적합해야 한다. 슈리 얀뜨라처럼 몇몇 중요한 얀뜨라들은 모퉁이 안이나 연꽃잎에 새겨진 산스끄리뜨 모음과 자음을 모두 갖고 있다. 딴뜨라에 따르면 첫번째 산스끄리뜨 문자인 A는 쉬바를 나타낸다. 이 문자 A가 목구멍의 깊숙한 곳에서 발음될 때, 산스끄리뜨어 알파벳의 가장 끝 문자뿐만 아니라 샥띠의 상징 문자인 Ha 소리가 난다.

A와 Ha, 두 문자의 결합은 산스끄리뜨 알파벳의 전 영역을 포함하고, 소리의 미묘한 측면에서 창조 전체를 표상한다. 그러므로 얀뜨라와 관련하여 만뜨라는 두 가지 주된 목적을 수행한다. 우선 만뜨라는 신을 나타낸다. 신의 만뜨라는 얀뜨라 위에 적혀 있다. 그리고 그것들은 얀뜨라와 함께 숭배와 명상의 노래로 제식 동안에 부르거나 읊조리며 광범위하게 사용된다. 제의적 만뜨라는 완전한 시형(詩形)이나 씨앗 음절의 반복되는 조합(japa)이지만, 신과 우주 이 둘의 특질에 대한 관념을 '상기시키는 것'으로서 몇 예에서 사용되는 각각의 문자들의 형태를 취할지도 모른다.

끝으로 만뜨라와 얀뜨라는 형태나 소리에서 복잡한 변증법의 형태를 갖고 있다. 비록 얀뜨라와 만뜨라가 독특한 별개의 원리와 수준에서 작동하지만, 서로 영향을 미치고 상호보완적이다. 모든 얀뜨라는 특정 빈도의 진동(만뜨라)을 감소시킬 수 있다. 그리고 모든 진동의 연속적 순서는 하나의 적합한 기하학적인 모양(얀뜨라)을 이루기 위해서 물질의 작은 부분으로 나누어져 집단화될 수 있다. 얀뜨라와 만뜨라는 서로 각자의 대용물로도 의미가 있다. 그리고 에너지에서 물질로, 물질에서 에너지로 상호 보존과 유사하게 현대 과학의 원리에도 작용한다. '뿌리' 진동에서 얀뜨라는 신의 씨앗 만뜨라로써 여겨진다. 그리고 사고-힘, 또는 씨앗 만뜨라의 핵이 외면화되고, 확장되고, 집중된 조화로운 선들로 마음속에 존재하도록 허용된다. 다른 말로, 형태로

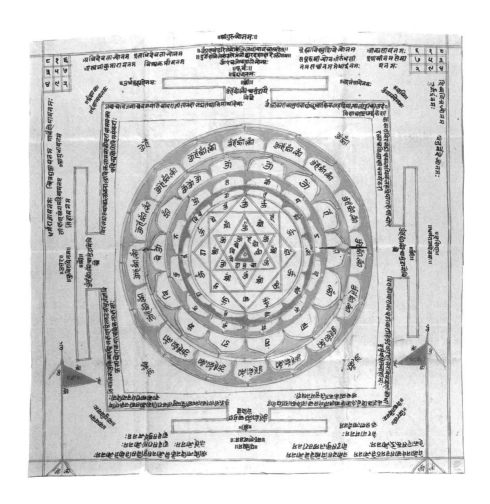

13. 만뜨라 또는 성스러운 음절을 적은 차문다(Chamunda; 위대한 깔리 여신의 형상) 여신의 얀뜨라. 여기의 씨앗
만뜨라 Om, Hrim, Klim은 제의를 올리는 동안 음송하거나 명상할 때 변하지 않는 형상을 활력화 시키고 다이어그
램의 에너지를 강하게 하는 얀뜨라의 각 부분과 연결되어 있다. 라자스탄, 19세기. 종이 위에 잉크와 채색

63

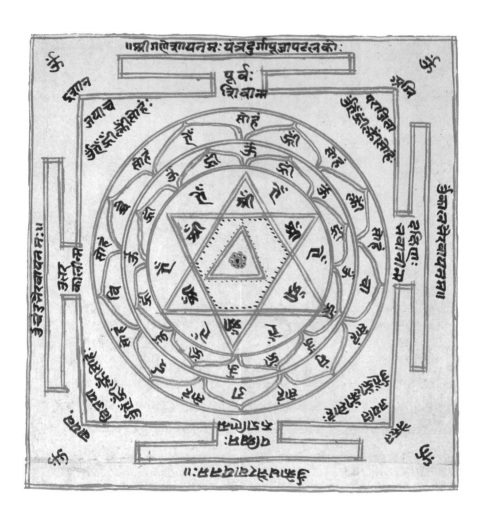

14. 두르가 여신의 씨앗 만뜨라와 얀뜨라, 악을 극복한 승리와 본능의 어두운 세력을 소멸하는 것을 나타내는 깔리 여신의 한 측면. 라자스탄, 19세기. 종이위에 잉크와 채색

15. 주된 네 방향과 중앙에 기입된 Om, Hrim 음절과 얀뜨라. 이 만뜨라는 현상세계를 존재하게 하는 창조적 놀이 (Maya)를 나타내는 딴뜨라의 랄리따(Lalita) 여신의 상징이다. 라자스탄, 19세기. 종이위에 잉크와 채색

16. 행운의 바퀴로 불리는 깔리야나(Kalyana) 짜끄라. 중앙으로부터 사방으로 퍼지는 신비한 음절은 비입문자로부터 얀뜨라의 비밀스러운 교의의 중요성을 숨기기 위한 비밀스런 방식으로 뭉쳐있다. 라자스탄, 19세기. 종이위에 잉크와 채색

17. 18. 모든 딴뜨라의 신들은 그들과 대응하는 얀뜨라의 형상을 가지고 있다. 위 좌에서 우로. 두르가의 형상
으로 안나뿌루나Annaourna 얀뜨라, 그리고 마하비디야 바갈라-무키의 세가지 얀뜨라, 아래 좌에서 우로. 태양
의 신인 수리아의 두 얀뜨라. 쉬바의 형상중 하나인 죽음의 정복자인 무르뚠자야Mrtunjaya. 만뜨라마호다디
Mantramahodadhi, 라자스탄 18세기 경, 종이위에 구아슈 물감.

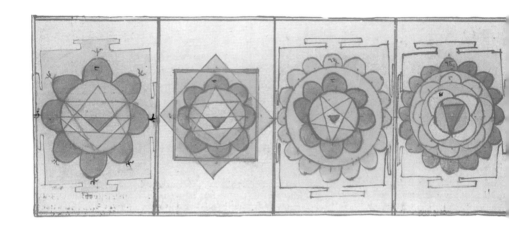

19. 딴뜨라 숭배자들에 의해 우주의 가장 높은 원리로 여겨지는 남성적이고 동적인 원리의 부분적 측면을 나타내는 의식용 얀뜨라. 좌측, 어린 처녀로서 발라Bala 궁극의 에너지를 나타내는 세 얀뜨라 우측, 풍요와 음식을 주는 자로서 여신을 위해 바쳐진 안나뿌루나 얀뜨라. 만뜨라마호다디Mantramahodadhi, 라자스탄 18세기 경, 종이위에 구아슈 물감.

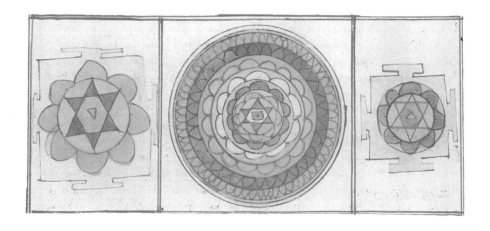

20. 신들의 얀뜨라는 본질적으로 명상과 시각화를 위한 집중을 돕는다. 우주적 '전체'의 이미지는 그 자신의 내적 전체성을 발견하기 위한 수행자의 접근을 허용한다. 신비한 중심에 대한 탐구자의 비전으로 따라Tara여신의 세 얀뜨라가 그려져 있다. 만뜨라마호다디Mantramahodadhi, 라자스탄 18세기 경, 종이위에 구아슈 물감.

21. 우주적 과정의 내적 시각화를 위해 사용된 일련의 그림 중 얀뜨라. 남성-우주적 합일의 경험을 알 수 있는 상징 체계를 위한 형이상학적 기초를 제공 한다. 네팔, 18세기경. 판재위에 구아슈 물감.

써 '보이는' 소리가 가능하고, 소리로써 '들리는' 형태가 가능하다.

사이매틱스(cymatics; 파동이론, 파동-형태와 물질의 상호관계에 대한 연구)의 최근 연구는 놀라운 결과를 발표하였다. 토노스코프(tonoscope)에서 정확하게 발음될 때, 즉 '힌두의 신성한 음절인 Om에 정확한 원모양의 O를 만들어낸다. 그것은 m의 소리가 사라지면서 마지막 흔적을 남길 때, 얀뜨라 즉, 동일한 중심을 가진 정사각형과 정삼각형을 만들면서 채워진다.' [10] 그러한 복합적 에너지의 변환은 궁극적 감각에서 얀뜨라와 만뜨라가 하나이거나 같다는 결론에 타당성을 부여한다.

그러므로 얀뜨라와 만뜨라는 근원의 공간과 신성한 소리의 합일을 제공한다. 이 둘은 현실을 초월하기 위한 시각과 청각을 깨우기 위한 내적 깨달음을 밝히는 조명이다. 미묘한 소리의 '몸'인 얀뜨라와 '영혼'인 만뜨라는 결코 서로 분리할 수 없다.

3. 얀뜨라의 형이상학

본질적으로 인간의 깨달음을 인도하는 존재로서 여겨지는 얀뜨라는 실상의 포괄적인 비전을 표현하여, 수행자(sadhaka)에게 우주의 본성과 신비를 전해준다. 얀뜨라 상징성이 발전된 형이상학적 교리의 틀은 인도 사상의 주된 원리를 '전사(transcription ; 轉寫)'한 것으로, 가장 오래된 인간과 자연에 대한 체계적 고찰이기도 하다.

얀뜨라의 상징적 구성요소 중 하나는 계통적 구성체계 안에서 새겨지고 묘사된 신성(神性)한 존재이다. 다수의 얀뜨라는 얀뜨라 전체가 일종의 복잡한 신적 현시로 간주될 수 있는 신의 투영이다. 이 신들은 창조된 우주의 한 측면에 대해 인간이 인지한 원리를 표현한 것이다. 다음 장에서 볼 수 있듯이 신들은 인간의 마음과 인격의 단계와 힘을 나타낸 상징이다.

딴뜨라는 초기 힌두 전통을 흡수하고 자신만의 우주적 비전을 발달시켜, 전통 힌두교 신들에게 딴뜨라적인 해석을 덧입혔다. 따라서 쉬바파(Saiva) 딴뜨라의 얀뜨라는 쉬바(Siva)의 다면적 본성을 투영한다. 바이슈나바파(Vaishnava) 얀뜨라들은 신성한 육화로서의 비슈누(Vishnu)의 특징을 묘사한다. 여신에게 바쳐진 얀뜨라는 여성적 창조의 힘(Sakti)의 특성과 발산을 개괄한다. 한 개의 얀뜨라에 세 개부터 최대 백 개의 신까지 포함된 얀뜨라의 주변 신들은 아바라나 데바타(Avarana Devatas) 즉, 원형에 그림자를 드리우거나 베일로 감싸는 신들로 알려져 있다. 까마깔라빌라사(Kamakalavilasa v.35)에 따르면, 얀뜨라 여신안에서 그들은 광채가 태양과 같은 얀뜨라의 중심에 놓인 근원적 여신(Primordial Goddess)의 빛나는 광채를 숨기는 '구름 조각'과 같은 것이다. 아바라나 데바타는 그녀의 얀뜨라 안의 변형에서 근원적 샤띠(Primordial Śakti)의 일부와 같은 것이다.

에너지의 원리

얀뜨라의 형이상학적 토대를 이해하려면 샤띠(Sakti)의 딴뜨라적 교리부터 고찰해야 한다. 샤띠는 우주에 내재된 거대한 힘이다. 움직이고 숨쉬는 모든 것이 샤띠의 발현이며, 샤띠는 근본적인 의식, 힘, 활동을 가지고 있다. 샤띠는 다양한 방식으로 다양한 영역에서 스스로를 드러내는 창조적 신비이기도 하다.

물리학자에게 샤띠는 물질의 내재적 활동력을 의미한다. 심리학자에게 있어 샤띠는 정신에 작용하는 외부 자극을 통해 스스로를 드러낸다. 신비주의자에게는 합일의 영적 경험과 같다.

과학 전체야말로 과학의 본성인 힘을 나타내는 물질, 에너지, 소리 등의 물리학의 주요 구성요소는 샤띠의 개념과 관련된 것으로 볼 수 있다. 살아있는 모든 것은 그들의 고유의 성질이 변형되고, 생성되고, 존재하고, 확장하기 위한 힘을 소유하고 내부로부터 성장한다. 그것이 샤띠다.

딴뜨라에 있어 샤띠는 초월적(추상적)이고 내재적(구체적)이다. 모든 활동적, 잠재적 힘이 종합될 수 있다면, 이러한 힘의 무한한 저장소가 있어야 할 것이다. 그러므로 샥띠는 삶의 모든 측면과 존재의 모든 차원을 창조, 유지, 흡수하는 것으로 볼 수 있다.

산스끄리뜨에서 샥띠는 여성을 표현하는 것이지만, 그 개념은 성(gender)의 관점에서 제한된 설명을 넘어서는 보편적 우주의 원리를 일컫는다. 마하깔라 상히따(Mahakala Samhita)가 '샥띠는 여성이나 남성이나 혹은 중성이다. 그것은 상상할 수 없고 측정할 수 없는 힘이고, 존재하는 모든 실재이며, 모든 이원성의 텅빔(空; void)이며, 깨달음에 이를 수 있다.'[1]고 진술한다.

최고 에너지 원리의 가장 높은 인격화가 딴뜨라에서는 여성성으로 도상화된다. 진리는 여성으로 의인화된다. 비록 궁극적으로는 중성일지라도, 신학적인 의미에서 샥띠는 여신이나 깔리(Kali), 따라(Tara), 두르가(Durga), 빠르바띠(Parvati), 락슈미(Lakshmi) 등의 이름을 가진 신 또는 여신으로서 간주된다.

인도 초기 역사에서, 여성으로 신성시된 자의 비전은 관심을 적게 받았다. 베다 철학은 남성 중심이었고, 여신은 주변부에 머물렀다. 여신들은 남신들의 배우자로서, 남성의 힘에 보조적 존재로 여겨진다. 하지만 딴뜨라가 부흥하기 시작한 시기(기원전 700-1300)에, 여성이 더 중요하게 여겨지고 신의 위풍을 공유하기 시작했다. 마침내 여신은 힌두 신화에서 큰 영향력을 발휘했다. 그들은 남성 지배적 신관을 무색하게 하고 신성한 힘의 총체적 상징이 되었다.

동적이고 잠재적인 에너지의 표상이고 절대적 실재(브라흐만; Brahman)의 주된 상징으로서 여성 원리는 딴뜨라적 사유의 모든 범주를 지배했다.[2] 데비 우파니샤드(Devi Upanishad, 1-3)에서 최고의 여신은 그녀의 진정한 본질을 설명한다. 그것은 모든 경험적 존재와 힌두 삼위일체의 속성과 기능 모두를 능가하는 것을 나타낸다.

그녀는 대답한다. 나는 본질적으로 브라흐만[Brahman; 절대적 존재]이다.

쁘라끄리띠[Prakriti; 물질의 실체]와 뿌루샤[Purusha; 우주적 의식], 비어있음[Void]과 충만함[Plenum]을 구성하는 세상은 나로부터 발생한다.

나는 지복과 지복이 아닌 것(non-bliss) 모두이다.

지식과 무지는 나 자신(Myself)이다.

나는 다섯 가지 원소이고 또한 그것들과 다른 것, 판차붓따[panchabhutas; 다섯 가지 거대한 원소들]과 딴마뜨라[tanmatras; 다섯 가지 미세한 원소들]이다.

나는 완전한 세상이다.

나는 베다이고 그것과 다른 것이다.

나는 알려지지 않으며, 태어났다.

아래와 위와 주위는 나이다.

여신의 유래는 고대의 여러 문헌에 기술되어 왔다.[3] 힌두 전설은 악의 세력을 정복하기 위한 전쟁에서 천상의 거주자, 브람마, 비슈누, 쉬바는 신들의 에너지를 응축하여 여성의 형태로 모든 방향으로 방사했다고 설명한다. 이 의미는 어떻게 신들의 에너지가 응축되어 나타난 샥띠가 그녀의 인간적 모습 안에 신의 모든 힘을 집중시키는가 하는 것이다.

중심의 여성원리를 둘러싼 주변의 복잡하고 다양한 여신에 대한 신앙은 딴뜨라에서 발달되어있다. 무수한 여신들은 으뜸이 되는 여성적 신격의 다양한 양상중의 하나로 표현하여 불리워졌다. 그리고 많은 여신들은 얀뜨라들안에서 그들의 상징적 정체성이 주어졌다.

상당히 많은 여성 신격의 얀뜨라는 중요한 딴뜨라 문헌[4]에 일부 기술되었다. 여러 딴뜨라의 문헌[5]은 특정한 여신으로 독립적으로 다루고 얀뜨라,

만뜨라, 숭배의 정교한 서술적 묘사를 한다. 그러므로, 여신의 설명적 도상 (iconography)이 존재하고, 그것과 유사하게 상징적이고 추상적인 샥띠 얀뜨라 들이 있다.

샥띠의 여신 신앙은 두 가지 주된 경향인 여신 깔리(Kali-Kula)와 여신 슈리 (Sri)의 두 부류로 갈라진다. 그들의 숭배는 슈리 비디야(Sri Vidya)[6]로 알려진다. 두개의 부류는 중심적 여신 주위에 있는 그들의 특정한 보조 신격을 발달시 키고, 샥띠 신앙에 따른 사유 체계의 지배적인 철학적 개념을 나타내는 얀뜨 라를 고안했다.

근원적 에너지의 얀뜨라 : 깔리(Kali)

힌두교의 신전에서 가장 장엄한 여신 중 하나인 깔리는 딴뜨라에서 이례 적인 인기를 얻었고 딴뜨라 숭배에서 열렬한 헌신의 대상이다. 딴뜨라 의식 에서 이렇게 큰 인기를 얻은 이유는 깔리가 딴뜨라 전통의 핵심적인 형이상 학적 원리를 나타내는 전형이기 때문이다.

딴뜨라에서 여신 사이의 절대자로 군림한 깔리는 여성의 형태를 갖추되 보편적 개념인 근원적 합일을 나타내는 힘의 상징이다. 깔리와 관련된 선사 학이 베다적 유래와 비아리안적 근원[7]을 통해 규명해 왔으나, 깔리가 '공식 적으로' 첫 출현한 것은 마르칸데야 푸라나(Markandeya purana)[8]에서이다. 마르 칸데야 푸라나는 신과 악마 사이의 전쟁에서 두르가의 이마에서 태어났다 고 전해진다. 이러한 맥락에서 깔리는 위대한 여신 두르가와 쉬바의 배우자- 샥띠의 무시무시한 형상으로 간주된다. 쉬바의 샥띠, 즉 또 다른 배우자는 물

소신인 마히사(Mahisha)에 대한 승리를 기념하기 위한 것이었다.

깔리의 살인적인 이미지와 상징적으로 사나운 외모는 여러 가지 딴뜨라 관련 연구에서 광범위하게 서술되었다. 짧은 성가인 까르뿌라디스또뜨라(karpuradistotra)는 여신의 장엄한 면을 표현하고 있다. 깔리는 나체로 어두운 피부색과 흐트러진 머리를 갖추고 있다. 입에서는 피가 흐르고, 한 손에는 칼을 쥐고 흔들며, 다른 손에는 머리를 쥐고 있다. 허리에는 두개 골로 꿰어 만든 허리띠를 두르고 있다. 깔리가 가장 좋아하는 휴식 장소는 시체들이 널린 화장터이다.

창조와 소멸의 에너지이자, 시간이 지닌 힘을 소멸시키는 자로서 깔리의 공포에 젖은 도상의 이미지는 빈두, 원, 여덟 장의 연꽃잎, 세개의 오각형(실재로는 동일한 중심을 가진 다섯개의 차례로 겹친 역삼각형)[9] 안에서 숭배를 위한 얀뜨라로 집중된다.

깔리는 얀뜨라 형상 안에서 중심의 점이나 빈두, 의식의 근원이나 세상의 핵심으로 나타난다. 그녀는 물질적 본성의 에너지 양상이다. 그녀의 끝없는 동적인 특성은 창조를 위한 절대자에 의해 유지되고 절대자로 통합된다. 그

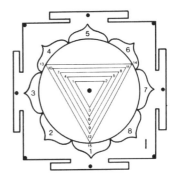

주변(Avarana) 신격들은 깔리 얀뜨라에게 기원 드린다.
삼각형의 열 다섯 각 중 1. 깔리(kali), 2. 까팔리니 (Kapalini), 3. 꿀라(Kulla), 4. 꾸루꿀라(KuruKulla), 5. 비로디니(Virodhini), 6. 비쁘라치타(vipracitta), 7. 우그라(Ugra), 8. 우그라쁘라바(Ugraprabha), 9. 딥따(Dipta), 10. 닐라(Nila), 11. 가나(Ghana), 12. 발라까(Balaka), 13. 마뜨라(Matra), 14. 무드라 (Mudra), 15. 미따(Mita).
여덟 연꽃잎 중 1. 브라흐미(Brahmi); 2. 인드 라니(Indrani); 3. 마헤슈와리(Mahesvari); 4. 카 문다(Camunda); 5. 까우마리(Kaumari); 6. 아쁘 라지따(Aprajita); 7. 바라히(Varahi); 8. 나르시미 (Narsimhi); 그리고 공간의 여덟 지배자의 전통 적 신격. 깔리 딴뜨라

녀의 창조를 위한 근원적 폭발은 남성원리인 뿌루샤와 대조를 이룬다. 빈두는 지고의 남성원리인 쉬바로부터 그녀가 분리되지도 차별되지도 않음을 보여준다.

궁극의 생성 에너지로서 깔리는 물질적 본성의 효율적인 원인이자, 도구적이고, 물질적이다. 그리고 이러한 측면에서 그녀는 얀뜨라의 연꽃 형상에 의해 상징화된 쁘라끄리띠로서 나타난다. 그녀의 창조적 힘은 전체 형태를 무한한 숫자로 분산시키기 위한 물질적인 힘(Prakriti)을 제공한다. 여덟개의 연꽃잎은 쁘라끄리띠의 여덟 가지 요소인 땅, 물, 불, 공기, 에테르, 마음(manas), 지성(buddhi), 아만(ahamkara)을 상징한다. 이러한 것으로 눈에 보이는 현상의 세상이 구성되었으며, 그러한 세상 또한 그녀 자신이다. 쁘라끄리띠로서 깔리의 창조적 기능은 그녀와 시간의 활동적 힘을 결합한다. 그녀는 옛날에 셀 수 없는 시간(영겁)의 씨줄과 날줄을 엮는 시간의 여주인이다. 그녀는 개개인의 짧은 숙명을 초월하는 자연의 순환적 시간-의식을 나타낸다. 세계는 대양의 거품과 같이 그녀의 자궁으로부터 나온다. 맥동하는 쁘라끄리띠-기능 없이는 그녀의 존재는 마치 시체처럼 활동성이 없고 움직이지 않은 채 있다. 그녀가 창조와 소멸의 격변하는 기능을 동시에 운용하는 동안, 그녀는 창조자와 같아서 시간의 무한한 주기적 질서의 관리인이다. 그녀의 끊임없는 모성적 측면은 생명체를 유지한다.

표면적으로 쁘라끄리띠는 얀뜨라의 원에서 나타나는 마야의 개념과 관련된다. 마야는 두 가지의 함축적 의미를 갖는다. 긍정적으로, 그것은 신의 자연적이고 불가사의한 힘이다. 깔리는 위대한 마야(Maha-maya)이고 세계는 그녀의 신성한 반영으로 자연스런 창조이다. 하지만 창조된 물질이나 창조된 세상으로 마야는 전체를 가리는 베일, 망상, 무지와 같이 부정적으로 보여진다. 마야는 사람을 중독 시키고 실재 세상의 외양을 바꾸어 덧없이 착각하게 한다. 마야의 교훈은 사람이 외양의 끊임없는 변화 너머 비밀스럽게 작용하는 힘의 내적 의미인 세상의 참된 본질을 파악해야 한다는 것이다. 깔리 얀뜨라의 원은 실재를 보고 순차적으로 파악하기 위해 삶의 '원(굴레)'에 우리를 한정시키는 마야의 베일을 상징적으로 가리킨다.

깔리 얀뜨라의 집중적으로 거꾸로 된 다섯개의 삼각형의 열다섯 개 모서리는 정신운동적 상태 또는 한 양상으로서 아바야바스(Avayavas)를 나타낸다. 지식의 다섯 기관(jnaendriya), 행위의 기관(karmendriya), 다섯 가지 생명의 공기(prana) 등은 신체, 감각, 수용적 기능과 관련된다. 유명한 딴뜨라 시인이자 성자인 람쁘라사드(Ramprasad; 1718-75)는 깔리 여신의 수행자가 흠모하는 마음을 기록한 찬가 까르뿌라디스또뜨라(Karpuradistotra)안에서 숭배자에게 '마음의 바탕에 그녀의 이미지를 만들고 당신 가슴의 연꽃 왕좌에 그것을 두도록' 이르는 동안, 깔리 얀뜨라의 상징을 숭배자의 몸 안으로 받아들이기 위한 것이라고 진술한다. 깔리 얀뜨라는 외부 세계에 존재하는 '객체'이고 인간 몸에 내면화된 '주체'이다. 깔리는 우주의 실재이고 심리적 사실이다.

샥띠 군집

최고의 샥띠는 태양계의 태양과 같은 역할을 수행한다. 지고의 여신도 태양처럼 수많은 '에너지'의 근원이며, 여신들은 그녀의 발산이며, 원형적 이미지의 부분이다.

샥띠의 발산이라는 개념은 힌두교 전통에서 비슈누신이 육화된다는 교리와 유사하나, 발산과 아바타(화신)의 개념이 혼동되어서는 안 된다. 샥띠의 방대한 변형물의 경우 개별적인 인격이 발달되었고, 하향 순서로 분류된다. 몇몇 여신들은 최고의 여신 원리가 완전히 발현된 징표(purnaśakti)이다. 그런가 하면 몇몇 여신들은 부분적 발산(amsa-rupini)이다. 어떤 경우는 힘의 단편(Kala-rupini)이다. 마지막 그룹은 죽음을 피할 수 없는 현실의 여성이 여기 포함되는데 위대한 여신(kalamsa-rupini)의 단편의 일부 중 작은 부분을 구성한다. 이현시는 여신의 '원(circle)'안에서 개인적으로 혹은 집단으로 숭배된다. 얀뜨라안에 있는 셀 수 없는 샥띠들은 명백히 질서화 되고 일반적으로 궤도를 함께하는 은하수와 같은 무리의 형태를 형성한다.

이러한 원리 안에서, 특별한 신격은 특정한 그룹에 할당되고 그것 안에서 움직이고, 얀뜨라의 중심에서(pitha-sthana) 숭배된다. 태양처럼 여신은 샥띠 무리(śakti-cluster)의 빛나는 영역을 지배한다. 샥띠 무리는 얀뜨라의 내부서킷에 연꽃잎 위와 사각 형태 안에 배치된다. 각 샥띠는 물질적 존재의 보다 근원적인 측면을 실존의 광채로 변형시키기 위한 힘을 표상한다. 이 모든 신격들은 쉬바의 '배우자'에 기원을 두고 있고, 이 배우자는 '여성 신화체계'의 근원이다. [10]

다사-마하비디야(Dasa-mahavidyas): 열 가지 위대한 지혜의 샥띠 군집

깔리의 지식 측면은 열 가지 위대하고 초월적인 지혜인 다사-마하비디야로 알려진 여신의 샥띠-무리에 의해 나타난다. 데비바가바타 푸라나(Devibhagavata Purana)는 깔리가 변모한 여신의 신화적 기원을 설명한다. 쉬바와 샥띠(그의 배우자 빠르바띠)사이의 불화로, 여신은 자신을 무서운 깔리의 모

습으로 변형시켰다. 그녀의 무서운 이미지를
보자 쉬바는 그 상황으로부터 도망가려 한다.
그 때문에 깔리는 장엄하게 열가지 에너지와
불로 형상을 만들어 열개의 방향에서 사방을
채웠다.

　이 신화는 상징적으로 열 가지 에너지가 우
주의 모든 지식을 에워싼다는 개념을 의미한
다. 그들은 총체적으로 생명의 순환에 대한 표
현이고 존재의 모든 층면을 제시한다. 지식이
여성으로 구체화되어 표현되는 것은 존재의
환영으로부터 수행자를 일깨우고 의식적 각
성과 완전한 지혜로부터 잠자고 있는 마음을
일깨우는 지혜의 힘을 의미한다. 얀뜨라 형상
에서 여신들은 다양한 집중의 수준을 가진 집
합체이다. 여신들은 신성을 갖고, 영웅적이고,
무섭고, 흉포하거나 평온한 것, 혹은 인간적인
완성의 구현과 극치로서의 양상이다.

　특정 딴뜨라의 가르침에서, 여신들의 대조
적인 측면—즉 무서운 측면과 자애로운 측면—
이 양극의 원리를 구성한다. 신성한 본성의 양
극성이 딴뜨라 체계에서는 완전히 허용되므
로, 이러한 측면들은 동시에 영향력을 미치고,
충격을 주고, 꽃피고 시든다. '지식적' 측면에
서 가장 중요한 점은 마하비디야의 여신들이

64 여성 요기들(yoginis)의 샥띠-무리에 봉헌된
얀뜨라. 딴뜨라의 신들은 시간의 순환을 나타낸
다. 각 역삼각형들은 신의 신성한 좌석이다.

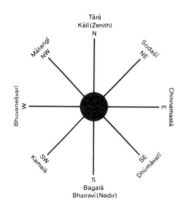

열 가지 마하비디야의 샥띠-무리들 그리고 공간의 통치자들과 연결, 모든 것을 망라한 전체 우주의 지식을 포함하고 있는 것을 가리킨다.

시간, 죽음, 삶이 지속적으로 먹고 먹히는 일시적인 현상임을 일깨우는 삶의 연속적인 흐름의 힘을 나타낸다는 것이다. 세속적 환영의 수렁 속에 빠진 마음을 가진 이에게는, 시간의 힘이 두렵기만 할 것이다. 그러나 구도자의 경우, 여신의 두려운 측면에 의해 상징화된 존재의 일시성을 맞닥뜨리면 의식적인 자기성찰과 갱신된 영적 힘을 발생시킨다.

열명의 마하비디야 여신에게 헌정된 특정한 딴뜨라가 있다. [11] 각 여신의 이름을 따서 얀뜨라를 명명하고 여신에 대한 제의로부터 얻어진 그녀의 본질, 얀뜨라, 의례의 방식, 숭배를 통해 오는 혜택을 상세히 밝혀두었다.

다사-마하비디야 숭배를 이루는 두 가지 중심축은 인도의 동쪽 비하르(Bihar) 지역에 있는 뱅갈(Bengal)과 미틸라(Mithila)이다. 미틸라에서 아이들이 태어날 때, 그 지방의 사제는 열개의 마하비디야들 중 하나를 아이의 신격(이쉬따-데와따Ishta-devata)으로 할당해 주고, 그 사람은 일생동안 얀뜨라나 이미지 형상에 대한 숭배를 충실히 수행한다.

각 여신들은 특정한 우주적 역할을 지닌다. 첫번째 마하비디야는 깔리 자신이다. 깔리는 깔라(Kala)의 샥띠거나 혹은 시간의 초월적인

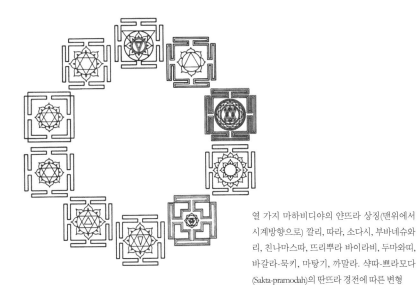

열 가지 마하비디야의 얀뜨라 상징(맨위에서 시계방향으로) 깔리, 따라, 소다시, 부바네슈와리, 친나마스따, 뜨리뿌라 바이라비, 두마와띠, 바갈라-묵키, 마탕기, 까말라. 샥따-쁘라모다(Sakta-pramodah)의 딴뜨라 경전에 따른 변형

힘이다. 그녀는 우주적 시간-힘의 구현이고 그러므로 근원적이고 발생적인 원리이다. 그녀의 씨앗(종자) 만뜨라는 krim이다.

시간-움직임(Time-movement)은 변화와 변형을 전제로 삼는다. 그래서 둘째 마하비디야 따라(Tara)는 변형의 과정을 통해 실현된 열망의 힘, 영적 상승, 잠재성을 상징한다. 그녀의 얀뜨라는 여신의 창조를 향한 순수한 열망으로서 근원적인 충동이 의미있게 표현된 우주적 위치의 첫번째 패턴으로 여덟 개의 연꽃잎을 가진 원 안에 있는 역삼각형이다. 그녀의 씨앗 만뜨라는 Om이다.

셋째 마하비디야인 소다시(Sodasi)는 완전하고 지속적인 힘을 상징한다. 그녀의 이름은 완전과 전체를 상징하는 숫자인 '16'을 의미한다. 우주 전체가 꽃과 같이 활짝 피어있을 때, 소다시는 창조의 완전한 주기를 나타낸다. 꽃이 핀다는 상징은 그녀의 얀뜨라가 지닌 아홉 개의 우주적 자궁을 상징하는 특성을 말한다. 그녀는 독자적인 자신의 능력으로 폭넓게 숭배 받는 그룹의 여신중 하나이다. 그녀는 위대한 슈리 얀뜨라나 그녀의 얀뜨라인 나바-요니 짜끄라(Nava-yoni Chakra) 어느 것이든 슈리 비디야(Sri Vidya)숭배에 주된 신격이다. 그녀의 씨앗 만뜨라들은 Aim, klim, Sauh이다.

넷째 여신-변형은 천상의 여성, 부바네슈와리(Bhuvanesvari)이다. 그녀는 자신의 광채와 아름다움으로 우주를 밝힌다. 그녀는 남성과 여성원리를 합한 하나로서 초월적인 무한성과 관련된 육각별 모양의 얀뜨라로 나타난다. 떠오르는 태양과 달의 색깔을 지닌 왕관을 쓰고, 얀뜨라의 중앙에 인격화된 이미지는 여덟 개와 열여섯 개의 연꽃잎으로 된 원에 둘러싸여 있다. 깔리가 우주의 시간-의식에서 최고인 반면에, 부바네슈와리는 이름에서 연상되는 (Bhu=공간 또는 바탕)특질을 가진 공간-의식의 주된 투사이다. 그러므로, 모든 존재의 지지자인 그녀는 모든 것을 포함하는 확장, 팽창, 무한한 공간이고 세 개의 영역, 땅, 대기, 하늘의 지배자이다. 그녀의 씨앗 만뜨라는 Hrim이다.

다섯째 마하비디야, 친나마스따(Chinnamasta)는 재탄생에 영향을 주고 항상 타오르고 항상 격렬한 생명 순환의 완성 또는 존재의 끝을 상징한다. 그녀는 왼손에 자신의 목을 베어 쥐고 있다. 절단된 그녀 자신의 목으로부터 뿜어져 나오는 피-넥타의 줄기를 마신다. 그녀의 얀뜨라는 원과 삼각형에 의해 그녀의 파괴적인 측면을 상징적으로 보여준다. 그녀의 씨앗 만뜨라는 Hum이다.

뜨리뿌라 바이라비(Tripura Bhairavi)의 여섯째 현시는 끊임없는 행위(rajasika)를 통해 세계를 사라지게 하고 파괴하는 화신이다. 그녀의 얀뜨라는 연꽃잎의 원 안에 위치한 육각형이다. 씨앗 만뜨라는 Hsraim, Hsklrim, Hssrauh이다. 모든 존재는 성장하고 쇠퇴하는 서로 상반되는 힘에 의해 충만해진다. 살아있는 모든 것은 그 존재의 바로 첫 순간으로부터 분리된 대상이다. 시간의 파멸시키는 힘은 존재의 붕괴되는 양상을 상징하는 아홉 개의 삼각형들에 의해 이 여신의 얀뜨라가 표현된다.

22, 23. 마하비디야 친나마스따, 깔리 여신의 다섯째 변형, 얀
뜨라 형태와 성상. 그녀의 두 샥띠(여성 에너지)를 가진 여신
이다. 그녀는 얀뜨라의 원과 삼각형에 의해 동등하게 상징
화된 창조, 유지, 소멸의 세 가지 순환하는 기능을 조장한다.
우주적 변화상이 세명의 신의 모습으로 재현되어있다. 라자
스탄, 18세기 경. 종이위에 구아슈물감

24, 25, 위대한 깔리 여신의 현대적 이미지, 마하비디야로 알려진 열명의 여신의 무리중 첫 번째, 그리고 창조, 유지, 소멸의 세가지 우주적 변화상으로 상징화되는 근원적인 샥띠로서 존재의 총체성을 포용하는 것이다.

아래 사진. 캘커타의 깔리가뜨(kalighat)의 딴뜨라 구루인 슈리 사티아난드 기리에 의해 의례적 숭배를 하는 동안 깔리의 현존에 기원드리고 있다.

26. 깔리 얀뜨라. 궁극의 우주가 지닌 우주적 기능을 이미지로 표현함. 네팔, 1761년 경. 종이위에 구아슈 물감

무한한 힘을 가진 파괴적인 뜨리뿌라 바이라비 다음은 궁극적 파괴의 구현인 잿더미의 색깔을 지닌 마하비디야 두마와띠(Mahavidya Dhumavati)이다. 세상을 타버린 재로 바꾸어 버리는 그녀의 대단히 파괴적인 성향은 연기가 나는 신이라는 그녀의 이름을 상기시킨다. 두마와띠는 우주안에서 죽음과 비활동 상태의 존재 상태로서 우주적인 잠을 자는 밤이다. 그녀는 남성 배우자가 없기에 과부로서 여겨진다. 자신 안에 감춰진 어둠과 무지로 상징된다. 세상에 나타난 그녀의 외면은 절망, 두려움, 가난, 배고픔, 불운을 말한다. 두마와띠의 얀뜨라는 여덟장의 연꽃잎속에 있는 육각형이며 그녀의 씨앗 만뜨라는 Dhum이다.

깔리의 여덟째 현시는 모든 행동과 움직임을 억제하고 고정시키는 그녀의 힘을 통해 환영을 향해 이끄는 인간 내면의 무의식적 경향성을 나타내는 잘린 학(鶴)머리를 가진 여신 바갈라-묵키(Bagala-mukhi)이다. 그녀는 불의 힘으로 차가움과 분노를 진정시킨다. 자연의 활동성을 정지시켜 가라앉힌다. 그녀의 얀뜨라는 두마와띠의 얀뜨라에서 육각형안에 삼각형을 분리한 것이다. 그녀의 씨앗 만뜨라는 Hlrim이다.

아홉째 마하비디야, 마탕기(Matangi)는 지배의 힘을 상징하며, 악을 없애고 정의를 실행한다. 그녀의 얀뜨라는 두마와띠와 같으나 씨앗 만뜨라로 구별된다.

열 번째 마하비디야인 연꽃색의 까말라(Kamala)는 도처에 개화하는 꽃과 같고 합일의 상태를 나타낸다. 그녀는 매력적인 모든 것의 구현이라서 행운을 나타낸다. 유쾌한 모든 것은 그녀와 관련된다. 또한 이 마하비디야의 얀뜨라는 연꽃잎의 원안에 있는 별모양이고, 그녀의 씨앗 만뜨라인 Srim과 구별된다.

열 개의 마하비디야들은 상승하고 하강하는 실재의 양상으로 분류된다.

오컬트적이거나 주술적 목적을 위한 얀뜨라를 통해 기원하는 삶의 어두운 힘과 관련된 마하비디야들이 있다. 반면에 창조의 최고점에 있고 존재의 순수한 단계의 광채에 의해 좌우되는 그들은 가장 높은 질서의 영적 지식을 구한다. 비록 어떤 여신은 성취의 정점이나 지식의 피안으로 수행자를 데려다주지만 여신-변형의 모든 측면은 해방을 가져온다.

딴뜨라 전통에서, 특히 여성원리의 숭배자인 샥따들(Saktas)에게는 구도자(seeker)의 정신적 변형에 대한 해답을 가지고 있기 때문에, 존경을 받으며 숭배되는 신격이다. 열 명의 여신은 지성의 충동에 따라 행동한다. 그들을 연상시키는 잔혹한 이미지와 결합은 공포와 충격을 주기 위함이다. 이 여신들은 구도자가 세속의 덧없음의 진실을 맞닥뜨리게 하기 위해 실재를 드러낸다.

그러나 샥띠-무리를 통해 뚜렷하게 드러나는 딴뜨라의 또 다른 계시가 있다. 바로 삶과 삶의 다양한 과정은 하나됨(oneness)의 상태라는 것이다. 존재를 정당화하는 것은 다양성, 모순, 변화, 복잡성이다. 딴뜨라는 모든 다양성과 모순의 조화를 포함하는 우주적 합일의 역동적인 개념을 선호한다. 마하비디야들의 샥띠-무리는 삶의 가장 어둡고, 가장 순수하고, 가장 강력하고, 불활성적인 모든 측면이 전체를 이루기 위해 합쳐지는 존재의 역동적 합일을 반영한다. 수행자가 이루는 궁극적인 성취는 다양성 안에서 합일에 대한 이러한 비전을 흡수하는 데 있다.

우주적 시간 : 니띠야 샥띠(Nitya Śaktis)

궁극의 에너지는 위대한 여신 아디야 니띠야 랄리따(Adya Nitya Lalita; Adya=근

27. 근원적인 욕망의 의인화인 까메슈와라 Kamesvara(위 왼쪽)로서 쉬바, 그리고 쉬바와 함께 있는 그의 샥띠인 까메슈와리Kamesvari(위 오른쪽). 이 우주적 성상은 근원적인 여성과 남성의 원리를 나타내고, 아래는 이에 대응하는 에너지 패턴을 보여준다. 네팔. 1761년 경. 종이위에 구아슈물감

원의, Nitya=영원한) 안에서 우주의 시간으로 인격화된다. 그녀는 스스로를 열여섯 개체로 나누고, 열여섯 개 니띠야 샥띠들로 명상한다. 이러한 샥띠의 묘사들은 그에 적합한 명상법과 얀뜨라로 딴뜨라라자(Tantraraja) 딴뜨라[12]에 언급된다.

니띠야 샥띠들은 한 달의 절반 가량을 밝은 상태로 있는 달의 밝은 성질을 띠고 있으며, 샥띠들의 밀교적 상징 체계는 인도 전통에서 신화적 연관성을 가지고 있는 숫자 16의 수학적 계산과 승법에 근거한다. 달의 숫자(혹은 Kalas=분수) 16의 이미지는 쇠약해지고 사라지고, 순환, 다산, 풍요의 상징으로 '재탄생하는' 달의 주기에 근거한다. 달의 실재는 변하지 않고 남아있지만, 달의 전체에서 열다섯 조각의 부분이 사라졌다가 합쳐질 때까지 달은 점진적으로 드러난다.

그래서 열다섯 개의 조각 니띠야 샥띠들(kalas로 알려진)은 주된 원형, 아디야 니띠야(Adya Nitya)의 부분적 소산이다. 달의 각 숫자는 특별한 이름과 속성이 주어진다. 그리고 세속적인 즐거움의 성취를 위해 숭배되는 그녀의 현존 안에 각 샥띠는 달의 의인화된 변화상을 상징하고, 특별한 얀뜨라, 만뜨라, 보조적 신격이 지정된다.

숫자16은 물질적 본성(사트바 또는 마음, 라자스 또는 에너지, 타마스 또는 불활성)의 세 가지 성질(구나)을 다섯 개의 요소(땅, 물, 불, 공기, 에테르)를 곱해서 구한다. 3×5=15, 여기에 니띠야들의 초월적이고 유일한 원천인 아디야 니띠야를 더한다. 더불어 샥띠들과 열여섯 개의 얀뜨라는 우주의 많은 본질을 포용하고 우주가 지배하는 모든 것을 대표하는 합일을 이룬다.

달이 보여주는 '전체성'의 변화상은 전능한 여신이 열여섯 개의 팔을 가진 이미지, 혹은 열여섯 처녀에 대한 숭배(Kumari puja)를 이루는 만달라와 같이 도상으로 제시될 수 있다. 새로운 달(moon)의 첫째날로부터 시작할 때, 한 살

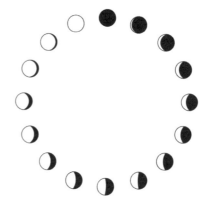

니띠야 샥띠의 샥띠 무리를 나타내는 달의 변화상. 그믐밤으로 시작해서 카메슈와리Kamesvari 니띠야 샥띠, 바가말리니Bhagamalini 니띠야, 니띠야클린나Nityaklinna 니띠야, 베룬다Bherunda 니띠야, 바니바시니Vahnivasini 니띠야, 마하바즈레슈와리 Mahavajresvari 니띠야, 듀띠Duti 니띠야, 트바리타 Tvarita 니띠야, 꿀라순다리Kulasundari 니띠야, 니띠야-니띠야, 닐라파타카Nilapataka 니띠야, 비자야 Vijaya 니띠야, 사르바망갈라Sarvamangala 니띠야, 즈발라말리니Jvalamalini 니띠야, 치뜨라Chitra 니띠야, 보름달을 나타내는 아디야 니띠야

에서 열여섯 살까지 나이의 열여섯 명의 처녀는 차례로 숭배 받는다.

니띠야 샥띠들의 16개의 얀뜨라와 그들과 연관된 만뜨라의 가장 유의미한 활용은 우주적 시간의 모형을 제공하는 것이다. 인도는 역사적 시간관이 아닌 '유가(yuga)'의 개념을 통해 순환하는 시간의 개념을 발전시켜 왔다.

완전한 우주의 주기는 다양한 길이를 가진 연속적 시대들이 4:3:2:1의 비율로 구성된다. 니띠야 샥띠의 열여섯 개의 얀뜨라는 얀뜨라의 핵심 열쇠 숫자를 규정하는 법칙에 따라서 서른여섯 개 산스끄리뜨 자음(그들의 만뜨라)으로 늘어난다. 딴뜨라[13]의 법칙에 따르면 576은 3,000으로 늘어나고, 사띠아 유가(Satya-yuga)는 첫 번째 가장 긴 시대의 기간인 1,728,000 태양년이다. 두 번째 시대, 트레타 유가(Treta-yuga)는 1,290,000 태양년이고, 세 번째 시대, 드바빠라 유가(Dvapara-yuga)는 864,000년을 이룬다. 네 번째는(현재의 시대) 깔리 유가(Kali-yuga)는 432,000년을 이룬다.

시간은 끝이 없는 강과 같이 시대를 통해 흐르고 결코 저절로 고갈되지 않는다. 각 시대는 절정과 쇠락의 기간을 갖는다. 네 시대는 우주의 큰 격변의 상태로 인해 결정된다. 그리고 우주는 영원토록 다시 발전할 것이다. 그러므로 달의 변화상에 대한 소우주적 합일은 우주적 시간 범위 안에서 반복된다.

니띠야 샥띠들의 주기는 존재를 영혼의 축제로 만드는 삶의 모든 면을 포함하기 때문에 기쁨의 저장고이다. 니띠야 샥띠는 신성의 모든 선한 측면과 결합되어 있다. 초월적 완성의 부분적 현시로 인해, 니띠야 샥띠는 삶을 지지하는 특성의 전형이고 세속적 기쁨을 주기 위한 힘의 주요 원천이다. 니띠야 샥띠 얀뜨라의 숭배는 큰 이익을 주고 두려움을 없애고 숭배자에게 기쁨을 준다. 비밀리에, 그들의 얀뜨라는 높은 경지의 명상을 위해 사용될지도 모르나, 일반적 의미에서 그들은 소원-성취도(圖)로 사용된다.

그러므로 첫째 니띠야 샥띠인 아디야(Adya Nitya)는 매우 자비롭다. 까메슈와리(Kamesvari)는 욕망의 실현자이고 바가말리니(Bhagamalini)는 매력있고 자극적이다. 니띠야클린나(Nityaklinna)는 행운과 초자연적 힘(siddhis)을 부여받았으며 베룬다(Bherunda)는 악의 영향에서 자유롭다. 바니바시니(Vahnivasini; 불-거주자)는 세 가지 세상과 자연력의 지배자를 만들 수 있으며, 마하바즈레슈와리(Mahavajresvari; 자비의 화신)는 잔혹함을 파괴하고, 두띠(Duti; 수행자의 주된 구원자)는 두려움을 파괴하고 누군가가 욕망하는 대상과 번영을 준다. 트바리타(tvarita)는 아름다움과 명예를 주고 학습의 능력을 향상시키고, 쿨라순다리(Kulasundari)는 모든 비밀의 지식을 주며, 니띠야-니띠야(Nitya-Nitya)는 자비롭다. 닐라빠따까(Nilapataka)는 자연 안에 존재하는 악의 힘을 정복하고, 비자야(Vijaya)는 번영과 정복을 상징하며, 사르바망갈라(Sarvamangala)는 아주 자비롭다. 즈발라말리니(Jvalamalini)는 전생에 대한 비밀스런 지식을 주며, 치뜨라(Chitra)는 누군가가 욕망하는 대상을 준다.

여성 원리가 딴뜨라 판테온에서 인기를 얻었기 때문에 수많은 얀뜨라가 샥띠의 다양한 측면에 할당된 것은 사실이나, 여신들의 동적이고 맥동하는 본성 내에도 그녀의 정반대인 쉬바가 상징하는 대극의 원리에 의해서만 실현될 수 있는 고요함이 존재한다.

우주적 이중 합일Cosmic biunity : 쉬바-샥띠

본질적으로 딴뜨라의 이원론적 우주의 비전에서 근원적으로 여성 에너지인 샥띠의 동적인 활력은 분리불가능하게 상관된 원리인 쉬바(뿌루샤 Purusha) 혹은 남성 원리에 의해 지지된다. 쉬바는 우주의 의식, 그리고 모든 현상의 움직이지 않는 토대로 간주된다. 비활동성의 쉬바에 보완적이고 반대되는 것은 샥띠다. 샥띠의 본성은 활동적, 창조적, 움직임이 있고 삶의 리듬으로 고동친다. 쉬바는 자각된 자아(의식이나 우주적 영혼)의 가장 깊은 지점에서 모든 현상을 침묵으로 보는 자이다. 그리고 샥띠는 그 자체가 현상이다(물질이나 본성=Prakriti). 우주 전체는 두 개로 상반되나 상보적 원리 사이에 가로 놓여 있다. 그리고 모든 창조물은 그들 사이에 창조적 놀이(Lila)의 결과다. 우리의 존재의 영역에서 이 두 가지 우주의 원리는 반대되어(남성/여성, 정적/동적, 더하기/빼기) 나타난다. 하지만 개념적 용어 안에서 그 반대말은 통합의 기초이다. 합일은 이중성의 기초이다. 그리고 그들의 고요는 사실상 완벽하게 균형잡힌 긴장 상태에 있다.

우주는 쉬바-샥띠 평형 상태에서 신비적 합일의 확장 상태이다. 그리고 두 가지 원리는 본질적으로 동일하면서도 완전히 반대된다. 그들의 각자가 완전한 본성을 나타내기 위해서 다른 쪽을 요구하기 때문에, 너무나 위대한 상호 의존은 필수불가결하게 남아 있다. 쉬바파 뿌라나(Saiva Purana; 4,4)에서는 달빛이 달이나 태양에서 오는 광선으로부터 떨어질 수 없듯이 샥띠는 쉬바와 구별될 수 없다. 샥띠없이 쉬바가 있을 수 없고 쉬바없이 샥띠가 있을 수 없다는 절대적 상호관련성이 있다. 우주의 이중 합일(biunity)은 인간 남성과 여성의 '정신적 이중 합일'과 평형을 이루고, 본질적으로 모든 남자에게 여성성이 있고 모든 여자에게 남성성이 있다고 제안한다.

얀뜨라에서 두 가지 원리의 주된 상징은 링가(linga) 즉, 쉬바원리와 음경이고, 요니(yoni)는 여성 생식기와 샥띠를 나타낸다. 묶여진 링가-요니(linga-yoni)는 힌두교-사이바이뜨들(Saivaites; 쉬바를 따르는 사람들), 샥따들(Saktas; 샥띠를 따르는 사람들), 딴뜨리카들(Tantrikas; 딴뜨라의 길을 추구하는 사람들)-의 다양한 교파의 숭배의 대상이다. 그들은 링가-요니를 신격의 이중 합일의 근원적 상징으로 숭배한다.

이 맥락에서 링가와 요니는 신체적 남성과 여성의 성기관이나 인간의 성교에 대한 참고로 해석되거나 쉬바의 몸의 부분으로 간주되기 위한 링가가 되어서는 안된다. 그것은 가시적 형상이 알(anda-rupa Brahman) 모양이고, '속성이 없는(nishkala)' 면에서 쉬바의 본질적 존재를 특성화하는 정적 원리를 의미한다. 그것은 쉬바의 실체에[14] 대한 '우주진화론적' 표상이다. 마찬가지로, 요니는 개개의 여성의 성기를 언급하지 않는다. 하지만 그 실체는 창조의 역동적 영역인 창조적 자궁의 상징을 통해서 운동, 변화, 확장에 대한 정적인 힘으로 간주된다. 그 표상은 원형적 원리를 가리키고, 세속의 의식 수준을 초월해 작동한다.

그러나 힌두교 신화에서 링가는 역설적으로 우주적 기능을 수행하는 성적 상징으로 간주되고, 고대 마하바라따(Mahabharata)에 나타난 링가-숭배의 기원에 대한 신화는 쉬바의 줄어들지 않는 성적 욕망에 대한 해법으로서 설명된다.

성자는 쉬바의 링가를 땅에 떨어지도록 저주한다. 그리고 모든 것이 불과 같이 탔다. 하지만 여전히 저승과 하늘과 땅의 도처에 있다. 모든 창조물에게 분쟁이 생겼고, 성자는 브람마에게 필사적으로 가서 그에게 이야기를 했다. '링가가 존재하지 않는 동안은 우주에 어떤 것도 순조로운 것이 없다. 당신은 여신이 요니의 형태를 취할 것이기 때문에 여신을 진정시켜야 한다. 그러면 링가는 여전할 것이다.' 그들은 쉬바를 존경했고, 그는 사라지면서 말했다. '만약 나의 링가가 요니에 포함된다면 모든 것이 잘 될 것이다. 오직 빠르바띠만이 링가를 포함할 수 있다. 그러면 그것은 고요해질 것이다.' 그들은 그를 달래고 링가-숭배가 행해졌다.[15]

쉬바의 남근상과 빠르바띠의 요니는 성적 표상으로 표현된다. 하지만 비신화적 차원에서는 이 둘은 분리되었을 때는 휴식 상태에 놓일 수 없는 양극적 원리의 불가분 관계를 나타낸다. 이 양자의 '통합'은 균형을 회복하기 때문에 이 둘의 분리에 따른 혼돈과 불균형의 상태에서 완벽한 연속성과 균형으로 변화한다. 아게하난다(Agehananda)가 지적하듯, 이러한 양극성은 수행자에게 우주철학의 기반을 상징

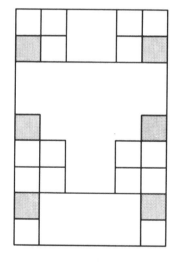

링가와 요니를 표현한 건축물의 토대, 여성과 남성 원리의 불멸의 통합을 보여주는 쉬바 얀뜨라의 사각형 격자의 세부

하기 위해 활동성이 없는 쉬바의 신체 위에 똑바로 앉아 있는 샥띠의 도상에서 비유적으로 재현된다. "샥띠가 없는 쉬바는 시체나 다름 없다."[16] 다시 말하면, 활동적 에너지인 샥띠는 그녀 밑에 있는 활동성 없는 쉬바를 각성시키기 위한 도구이다. 합일을 이원성으로 나타내는 쉬바는, 오른쪽 반은 여성이고 왼쪽 반은 남성이다. 반여성 반남성 신 아르다나리슈와라(Ardhanariswara)로서 나타난다.

우주의 이중 합일의 기본적 교리는 쉬바-샥띠 원리를 나타낸 수많은 얀뜨라로 표현된다. 이러한 얀뜨라는 기하학적 틀 안에 있는 링가-요니 표상을 갖춘 사각형의 네트워크로 구성되기도 한다. 리듬 있게 배치된 패턴을 갖춘 똑같은 사각형들의 색채는 역동성의 대조를 보여주기 위해 좋은 예로 사용되었고 이원론적 원리를 표현하는 방법이 된다.

힌두교에서, 시간과 공간은 주기적이고 영속적으로 간주된다. 단일의 원천에서 비롯된 모든 존재는 궁극적으로 근원의 지점으로 돌아간다. 그러므로 이것은 단일한 방향의 직선적 운동이 아니라 곡선을 이루는 것으로 보일 수 있다. 행성과 성운은 확장되고 수축성이 있는 공간을 따르는 궤도에서 움직인다. 이 곡선의 우주 이미지는 쉬바-링가의 둥근 모양에 기초한다. 그러므로 이것은 관념적으로 단일한 방향에서는 선형적 운동이 아니라 곡선을 이루는 것으로 보일 수 있다. 행성과 성운은 수축과 팽창하는 공간의 궤도 안에서 움직인다. 비록 기하학적 틀로 표현되는 쉬바파(派) 얀뜨라에서 '곡선'이 '사각형'일지라도 동일한 의미를 가진다.

모든 얀뜨라 안에서 기하학적 모양인 쉬바-링가는 요니 모양의 받침돌(yoni-pitha)에 묻혀 놓여 있다. 쉬바에 의해 받아들여진 샥띠는 그녀의 창조적 힘을 나타내고 무한성 속의 진화와 개화의 흐름이 된다. 본성의 힘으로, 그녀는 그릇과 같은 그녀의 자궁에서 우주를 이끌어 내고 창조한다. 그러므로, 받침돌 요니는 희생의 그릇의 모양이고 샥띠의 퍼지는 힘이 '흘러나온다'.

양극성 원리는 다양한 형태로 얀뜨라 상징 체계에 나타난다. 가장 중요한 형태 중 하나는 양극간의 긴장이 해소되는 빈두이다. 빈두에서 경험적인 것과 초월적인 것은 분간할 수 없는 합일로 합쳐진다. 남성과 여성으로서 이원성을 나타내는 확장된 표상(빈두를 축소된 표상으로 간주)은 서로 관통하고 별모양 육각형을 형성하는 한 쌍의 삼각형들이다. 또는 빈두를 남성과 여성인 두 개의 점으로 나누어 형성되는 형상이기도 하다. 선형적 형태에서 이 이원론은 교차하는 두 개의 선으로 표현된다. 깔리까 뿌라나(kalika Purana)는 뜨리뿌라(Tripura) 얀뜨라를 묘사함으로 이 이미지를 설명한다. 북동쪽 영역에서 시작하는 선은 샥띠로 불린다. 하나는 남서쪽에서 북서쪽으로 가서 북동쪽으로 닿는 선은 샴부(Sambhu; 쉬바)로 불리고, 하나는 샴부에서 시작하여 샥띠와 함께 교차한다.[17]

이원론의 개념은 딴뜨라의 상징 체계에 스며들어 있다. 얀뜨라에 새겨진 산스끄리뜨 글자조차, 여성과 남성으로 나뉜다. 모든 자음은 모음과 뚜렷하게 구별된다. 그리고 갸나르나바(Jnanarnava)[18] 딴뜨라는 산스끄리뜨 알파벳을 두 가지의 상징적 특성으로 나눈다. 모음은 여성 에너지, 자음은 남성원리를 구체적으로 나타낸다. 만약 모음에 의해 제시된 샥띠의 힘과 역동성이 없다면, 모든 글자(쉬바로서 자음)는 시체와 같이 활동성이 없을 것이다. 가령 만뜨라의 소리의 '힘'은 반대와의 합일에 근원을 둔다. 오직 쉬바-샥띠의 합일로 명확히 말할 수 있다.

반대로 다른 문헌에서는 산스끄리뜨어 자음은 모음(쉬바)를 가진 비자(씨앗)로 알려진 합성어들을 형성하기 때문에 요니(샥띠)로 언급되기도 한다.[19] 예를 들어, 여신 깔리의 씨앗 음절인 Krim에서, 네 가지 소리 중 두 개(K=깔리, R=쉬바)는 두 가지 원리의 합일을 의미한다.

이 두 가지 원리가 존재의 연속체에서 분리
될 수 없기 때문에, 샥따 얀뜨라(Sakta yantra; 여신에
게 헌신하는 얀뜨라)는 '쉬바 요소'를 명백하게 표
현한다. 딴뜨라 철학에서 여성 원리는 여신의
특성과 함께 쉬바의 모든 특성을 갖추고 있다.
반대로, 링가-요니 모티브를 지닌 쉬바파(派) 얀
뜨라는 선천적으로 샥띠 본성을 가지고 있는
것으로 간주된다.

오른쪽에 삥갈라(남성)과 왼쪽의 이다(여성)의
두 정신적 통로가 흐르는 미묘한 신체안에 표현
된 이중 합일

　　샥띠-무리만을 나타내는 얀뜨라에서, 무
리로 표현된 여신들은 이중 원리를 나타낸
다. 달의 변화상을 구성하는 니띠야 샥띠-무
리의 열여섯개 얀뜨라에서, 까마깔라빌라사
(Kamakalavilasa)는 '열다섯 니띠야들은 15일의 달
밤을 나타내고 달밤은 쉬바-샥띠의 합일이다'
라고 진술한다.

　　딴뜨라의 상징 체계는 미묘한 신체의 생체
학에서 이중 원리의 통합을 설명하기 위해 여
러 가지 이미지를 포함한다. 이러한 이중성은
샥띠(에너지)가 척추의 기저에 있는 꾼달리니
여신으로서 잠재된 형태로 자리하고 있다. 쉬
바는 머리의 왕관 자리인 사하스라라 짜끄라
(Sahasrara Chakra)라고 불리는 가장 높은 영적 중
심부에 자리하고 있다. 사하스라라 짜끄라는
머리의 정수리에 위치하기에 '수직적'이고,

미묘한 신체 속에 두 개의 정신적 신경에서는 '수평적'이다. 이다(Ida)는 달의 또는 여성의 경로이고 몸의 왼쪽에 위치하며, 삥갈라(Pingala)는 태양 또는 남성의 경로로 몸의 오른쪽에 위치한다. 그러므로 미묘한 몸은 역설적 에너지의 합성물로 나타난다. 이 이론으로부터, 딴뜨라 수행의 완전한 원리가 나온다. 이것은 서로 상반되는 힘을 통합한다. 이다와 삥갈라에서 순환하는 생명이 넘치는 에너지는 중앙 슈슘나(Sushumna) 신경을 통합한다. 가장 높은 지점(Sahasrara Chakra)에서 마지막 결합 때까지, 꾼달리니 샥띠와 쉬바의 합일은 미묘한 몸의 다양한 단계의 짜끄라에서 생겨난다.

쉬바-샥띠 이중 합일에서 가장 두드러진 표현 중의 하나이고 동시에 요가적 비전의 가장 굉장한 추상화는 슈리 얀뜨라다.

우주 발생 : 슈리 얀뜨라

가장 위대한 얀뜨라로 간주되는 슈리 얀뜨라(Sri yantra)는 삶의 근본 원리(tattvas)를 창조하기 위해 나타내는 형태로 쉬바-샥띠의 화려함을 드러낸다. 사이바-샥따(쉬바와 샥띠를 따르는 사람들)의 심오한 우주론적 및 형이상학적 이론을 도상적으로 종합한 슈리 얀뜨라는 우주적 도식의 진화를 나타내는 도표로 해석될 수 있고, 창조 이론과 그 이론적 범주들을 단계별로 드러낸다.

또한 삶의 대립적 원리가 발생하여 쉬바-샥띠의 원초적 전체성으로부터 구분되면서, 형태 없음에서 형태로의 변천이 어떻게 진행되는지를 설명한다. 슈리 얀뜨라는 우주적 진화의 각 단계를 만들고 창조적 과정의 모든 상승하는 단계를 분명히 한다.

8세기에 철학자이자 성자인 샹까라Sankara에 의해 만들어진 슈리 얀뜨라의 가장 오래된 표본은 비록 이미지가 아주 오래되긴 했지만 종교 기관 슈링가리 마타(Sringari Matha)에서 보존되어있다. 아타르바 베다(Atharva Veda)[20]의 찬가는 9개의 기하학적 순서의 슈리 얀뜨라와 같이 얀뜨라와 비슷하게 구성된 형상의 묘사가 포함되어 있다.

슈리 얀뜨라는 슈리 비디야(Sri Vidya)[21] 지식의 주된 도구 중 하나이다. 그것은 본질적으로 우주의 형태로서(2장 참고) 현시된 궁극의 신성한 힘을 나타내는 비밀스러운 열다섯 개 음절의 만뜨라로 구성된다.

딴뜨라의 모든 영역에 존재하였던 슈리 비디야(Sri Vidya)는 유명한 많은 성자가 숭배한 주된 형태였다.

슈리 얀뜨라(Sri Chakra로 알려진, Chakra=원)는 세계-창조의 '중립적' 서킷이다. 그 자체로는 남성 또는 여성적인 것에 제한되지 않으나, 총체성으로서 두 원리를 포괄한다. 쉬바-샥띠 균형은 두 개의 원리를 융합하는 지속적인 경향을 포함한다.

슈리 얀뜨라의 명백한 이중성이 세 번째 원리를 내포하기 때문에 쉬바-샥띠는 분리될 수 없다. 셋째 원리는 두 원리를 포괄하는 합일이다. 이중성을 초월하는 모든 것을 포괄하는 합일은 슈리 얀뜨라의 신비로우나 조화롭게 배열한 삼각형들을 구조적으로 재생산한다. 그러므로 슈리 얀뜨라는 대우주적이고 인격을 가지지 않은 절대적 실재의 표상이다. 현실의 모든 존재는 남성이나 여성 또는 중립이다. 하지만 슈리 얀뜨라는 모든 특징과 범주를 가진 순수한 실재이다. 슈리 얀뜨라는 전체의 모든 부분들을 나타낸다. 모든 것은 이름과 형상을 가지며 또한 경험을 초월하여 완성된 것이다. 그리고 모든 것에는 초월적이고 궁극적인 충만이 주어진다. 이 보편성은 딴뜨라의 문헌에서 슈리 얀뜨라에 대한 무수한 다른 상징적 관계로 입증된다.[22]

모든 얀뜨라의 형이상학적 토대는 쉬바-샥띠의 통합에 대한 기원을 지니고 있는 서른여섯 가지 우주 원리(tattvas)의 이론이다. 만약 얀뜨라와 따뜨바(tattvas)의 도식을 나란히 보면, 그것은 슈리 얀뜨라의 상징체계의 이해를 돕게 될 것이다.

우주의 진화는 단계별로 발생된다. 근원의 고요함으로부터 시작된 우주는 구별과 속성을 통해 확장 및 발달되고 원래의 전체로 돌아간다. 진화의 초기단계는 완전한 텅빔, 창조의 순수한 원리인 쉬바의 상태이다. 창조의 시작은 샥띠(쉬바의 잠재적 힘)를 포함한 전체에 널리 퍼진 전능한 우주적 원리(Parama Siva 혹은 Samvit)이다. 우리가 알고 느끼고 듣는 모든 것은 근원적 의식에 잠재되어 있다. 이 존재는 어떤 객관적인 내용이 비어있다(sunya). 존재-의식(Being-Consciousness)이 가지고 있는 유일한 지식은 스스로 불태워 빛나게 하는 빛(prakasika svabhava)으로서 참나(우주적 에고 혹은 나, 산스끄리뜨어의 아함aham)의 우주적 개념이다.

참나 의식은 무한한 힘과 자유(svatantra; 같은 표현의 산스끄리뜨어 용어는 maya, śakti, vimarsa이다)를 나타내는 본질에 내재하는 역동성이다. 이 존재는 여성 또는 남성이며 '그것'이다. 그리고 모든 구분과 분리 너머에 있다. 반대되는 존재로서 행위하는 반대 세력도 외부적 힘도 없다. 단지 둘째는 없고 하나만 있을 뿐이며, 창조의 모든 국면은 순수한 비전의 한 부분이다.

실재는 우주의 근원적 상징이 반영 된다. 빈두(bindu)는 슈리 얀뜨라의 중앙에 있다. '위대한 쉬바의 태양광선이 순수한 샥띠(vimarsa) 거울에 반사될 때, 마하빈두(Mahabindu)는 그의 반사된 광선에 의해 밝게 빛나 의식의 벽에 나타난다'(Kamakalavilasa, v.4). 초기 창조 단계, 샴비뜨(Samvit)라 부르는 절대적 상태에서 쉬바는 깨끗한 거울이다. 거울이 이미지를 반영하는 것처럼 그의 무진장한 자유가 우주를 반영한다. 거울이 이미지와 분리될 수 없듯이, 쉬바도 그를 반영하는 우주에서 분리될 수 없다. 우주적 의식의 광명인 쉬바와 반대로 샥띠는 밝은 근원점(Maha bindu)인 빛나는 우주를 반영하는 무한한 힘(vimarsa)이다.

슈리 얀뜨라의 중앙에 나타나는 텅빔(the void)의 표면 위로 나오는 첫 번째 형태로서 그 점은 완전히 초월적이고 매우 순수한 물리적 힘이며 세상의 초기 배아 상태이다. 그것은 우주의 모든 합일된 에너지가 잠자는 상태고 무한한 가능성을 가진 창조의 단계를 계획한다.

빈두의 현시는 진화의 연속적인 국면 동안에 드러날 구심적 경향의 집합체이다. 나무의 씨앗은 성장해서 나타난 나무가 아니라 나무의 본질인 것 같이, 빈두는 우주를 품지만 원초적 단자(모나드monad)와는 구별된다. 철학적으로(창조의 사이바-샥따Saiva-Sakta이론의 용어에서) 쉬바의 창조적 힘(샥띠)에 의해 제한되고 거부되기 시작할 때, 빈두는 '참나'의 쉬바 의식(Siva's consciousness)이다. 그러므로 '무한성'은 한 점 안에서 응축한다. 위대한 쉬바의 깨끗한 유리와 같은 의식으로 나타난 빈두안에 무한한 공간(akasa)이 수축되어 있고, 이 점은 쉬바의 무한성을 반증한다.

지고한 자(Supreme)의 창조적 충동은 자기-재생의 저항할 수 없는 힘 아래 있다. 빈두는 확장한다. 우주의 진화는 일체가 두 개로 분리되어 확장된다. 그 점이 가진 본래의 동질성이 변화된다. 두 개의 빈두는 흰색의 쉬바와 붉은색의 샥띠다. 비밀스런 서로의 기쁨 안에서, 그들은 우주의 현시 안에서 새롭게 확장되고 새롭게 결합한다. 그 두 개의 빈두는 문자화된 소리(vak)의 창조의 근원이 되고, 의미를 만들고(artha), 새롭게 들어오고, 새롭게 분리된다 (kamakalavilasa, v. 6).

얀뜨라 상징체계에서, 세계 창조의 과정은 비사르가-만달라(visarga-mandala)로 불린다. 비사르가(visarga)는 방사, 유출을 의미한다. 두 개의 빈두는 기식음 H로 산스끄리뜨 필사본에 나타난다. 호흡의 유출로 발성할 때, H는 우주의

진화의 형이상학	얀뜨라 상징	해석

진화의 형이상학

1. 텅비어 있고 나타나지 않은 형상 속에 우주

2. 쉬바의 잠재적인 힘으로 정지하고 있는 상태를 활성화시키는 샥띠

3. 하나 속에 둘인 쉬바와 샥띠 원리안에 근원적 합일의 조절

4. 근원적 합일의 변형

5. 남성과 여성 원리의 통합에 의한 발전, 이중화, 확장

6. 다양성 의 세계로 상승하도록 하는 외부적 투사에 의한 우주적 범주, 따뜨바(tattvas)의 창조

얀뜨라 상징

합일

이원성

복합성

해석

위대한 근원점으로 마하 빈두

우주적 욕망의 힘에 의해 분열되어 가는 빈두

빈두의 분열
비사르가 만달라
(Visarga-mandala)

물라-트리코나(Mula-trikona) 우주적 삼각triads으로 표현되는 우주적 자궁으로서 근본 삼각형

삶의 근본 원리를 탄생시키기 위해 분리되는 쉬바(prakasa)와 샥띠(vimarsa)
근원적인 전체성의 눈에 드러나지 않는 지각인 심리적 따뜨바(Kanchukas)로 상승되기 시작하는 창조의 상태

물라-쁘라끄리띠(Mula-prakriti) 물질적인 우주의 스물두 개의 거대한 따뜨바로 투사된 근원적인 본질. 다섯으로 펼쳐진 범주로 표현된 다섯 개의 샥띠 삼각형(왼쪽) 다섯 원소와 다섯 감각기관, 다섯 운동기관을 나타낸다

↑ 합일로 되돌아가는 과정 또는 쇠퇴

나다(Nada) 또는 쉬바의 상징으로 우주적 소리

샥띠의 상징으로 빈두

104

여성과 남성원리의 통합된 형태로 발생된 완전히 창조된 우주(sristi)
복합성의 세계는 중앙에 위치한 근원적 빈두의 합일에 의해 유지된다.
이 얀뜨라의 각각의 삼각형은 주재하는 신격이 있다. 아디야 니띠야, 소다시, 랄리따, 뜨리뿌라-순다리로 불리는
궁극적 에너지의 많은 별칭은 슈리 얀뜨라로 알려진 이 얀뜨라 안에 중심적 신격으로 불린다.

유사-생물학적 방사물(visarga)과 유사하다. 하지만 이 단계에서, '한 쌍'은 여전히 구조적으로 나누어질 수 없다. 비록 두 개이지만 그것은 하나의 단위를 형성한다.

쉬바-샥띠가 우주의 근원적 씨앗인 빈두를 만들어 내기 위해 결합한 쉬바-샥띠의 생식과 출산의 강렬한 충동은 인간의 성적 자극과 동일시된다. 쉬바-샥띠의 '성적'인 면은 과도하게 강조되지 않고, 창조적 행위에서, 우리는 신성적 결합을 볼 수 없고, 두 힘인 물질과 비물질을 생산하는 우주 원리가 펼쳐진다. 변하지 않는 쉬바(Cit Samvit)와 변하는 힘(Cit Śakti)은 빛(prakasa)과 힘

105

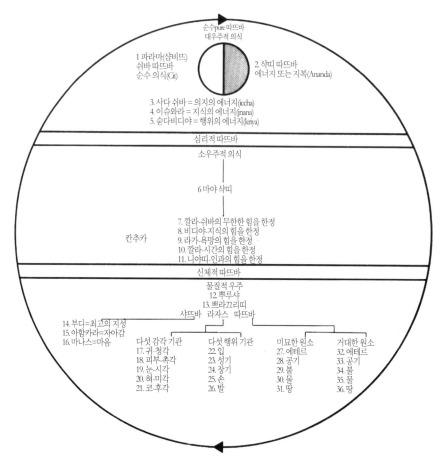

위의 따뜨바 다이어그램은 슈리 얀뜨라의 상징체계의 형이상학적 기초로부터 우주적 개화/소멸의 도식의 딴뜨라 비전을 요약하고 있다.

우주는 최초의 합일(Parama Siva 또는 Samvit)로부터 전개되어 36 우주적 원리(따뜨바)로 구성된다. 다섯 가지 순수(pure)의 첫 번째 두 가지 미묘한 따뜨바는 지복의 에너지 또는 그의 샥띠를 가지고 통일된 의식(빈두로서 얀뜨라 안에 도상적으로 나타난다)으로 쉬바로 구성된다.

뒤따르는 세 가지 순수 따뜨바는 쉬바/샥띠의 세 겹의 에너지이다. 의지(Sadasiva), 지식(Isvara), 행위(Suddhavidya)는 우주적 전개(근원적 삼각형의 세 꼭지점으로 상징된다)의 최고의 원동력이다. 이 단계에서 다양성이나 분할은 일어나지 않는다. 모든 것은 쉬바/샥띠의 합일 안에 머무른다.

다음 전개는 인간의 영혼에 형성하기 위한 정신적 단계이다. 쉬바/샥띠의 본래적 합일이 분화의 방향으로 변경된다. 이 발달은 순수 따뜨바의 제한을 의미한다. 마야 샥띠는 정신적 단계의 첫 번째 따뜨바이다.

마야 샥띠는 한정(kanchukas)의 각 유형인 다섯 따뜨바의 매개에 의해 보다 이른 단계의 근원적인 합일을 불명료하게 한다. 쉬바/샥띠의 편재(偏在)는 개체성에 대한 관념을 낳는 깔라(Kalā; 부분 또는 파편, 힘)의 칸추카에 의해 제한된다. 쉬바/샥띠의 전지(全知)는 현실의 무지를 낳는 비디야(vidya; 지식)의 칸추카에 의해 제한된다. 쉬바/샥띠의 전체성은 부족감을 낳는 라가(raga; 탐착, 욕망, 감흥)의 칸추카에 의해 제한된다. 쉬바/샥띠의 영원성은 죽음을 낳는 깔라(Kāla; 시간)의 칸추카에 의해 제한된다. 쉬바/샥띠의 전능(全能)은 생명의 순환을 좌우하는 니야띠(Niyati; 운명, 숙명)의 칸추카에 의해 한정된다.

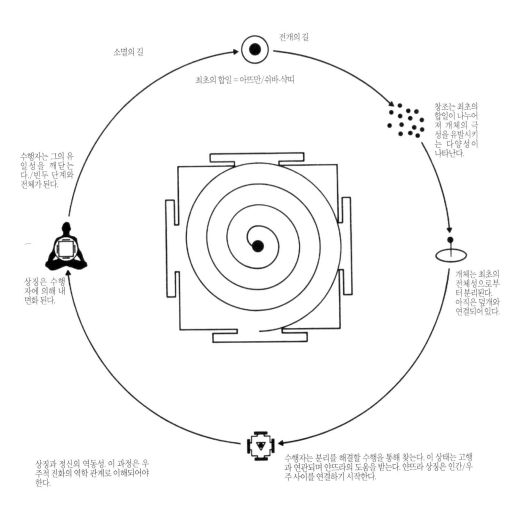

전개의 길

소멸의 길

최초의 합일 = 아뜨만/쉬바-샥띠

창조는 최초의 합일이 나누어져 개체의 극성을 유발시키는 다양성이 나타난다.

수행자는 그의 유일성을 깨닫는다./빈두 단계와 전체가 된다.

개체는 최초의 전체성으로부터 분리된다. 아직은 덮개와 연결되어 있다.

상징은 수행자에 의해 내면화된다.

상징과 정신의 역동성. 이 과정은 우주적 진화의 역학 관계로 이해되어야 한다.

수행자는 분리를 해결할 수행을 통해 찾는다. 이 상태는 고행과 연관되며 얀뜨라의 도움을 받는다. 얀뜨라 상징은 인간/우주 사이를 연결하기 시작한다.

여섯 개의 정신적 제한은 씨앗을 덮는 껍질과 같이 우리 자신의 현실의 지각을 혼란스럽게 하고 베일로 감춘다.

위의 창조의 단계에서 모든 것은 합일안에 모인다. 모든 분리와 대극이 나타날 때 주체와 객체로 갈라진다. 다음 단계에서 쉬바 따뜨바는 근원적 남성 원리 또는 뿌루샤 따뜨바로서 변형된다. 뿌루샤는 절대적 실체를 유지하나 마야의 마법 아래 제한되어 나타난다. 모든 지각을 지니고 깨어 있는 자를 나타내는 뿌루샤(창조에 의해 부과된 조건에 의해서 제한된 주관적 자아 내면의 가장 깊은 초점)의 대비안에서 쁘라끄리띠 따뜨바 즉 여성 원리는 동적인 특질의 구체화이며, 자연의 객관적 생성을 좌우한다. 쁘라끄리띠는 싸뜨바(지성, 밝음의 특질), 라자스(동적 특질), 타마스(불활성)의 세가지 구나로 이루어지며, 아함카라 즉 자아의 의식 상태(aham=ego), 붓디 즉 가장 높은 지성으로 분화된다.

다양성의 세계가 생기고 물질이 정신에 우세할 때 순수(pure) 창조의 동질성은 이 단계에서 산산히 분화된다.

자연의 전체적인 범주는 다섯 따뜨바의 군집으로 나누어진다. 다섯 감각 기관, 다섯 행위 기관, 미묘한 다섯 원소와 거친 다섯 원소는 함께 객관적 세계를 구성하고, 인상을 받아들이는 매개체인 마음(manas)은 주체다. 물질적 자연의 다섯 겹은 물질 세계를 구성하고 깔리 얀뜨라의 상징체계, 슈리 얀뜨라의 다섯 샥띠 삼각형의 기초를 제공한다.

우주의 펼쳐진 전개는 그것으로 하나의 끝이 아니다. 모든 것은 근원으로 다시 돌아온다. 우주적 순환의 종말에서 순수(pure) 따뜨바의 근원직 합일 안으로 한 번 더 되돌아 올 것이다. 인간과 우주와 얀뜨라 사이에 근본적 동일성이 있다.

(vimarsa)으로 가득 찬다. 그리고 소리(nada)와 물리적 힘(mula-prakriti나 kala)이 생겨난다. 그러므로 슈리 얀뜨라를 성적 상징으로 보는 것은 엄청난 오해이다.

두 빈두의 합일에서 최초의 소리-원리(nadatmika śakti)가 발생한다. 얀뜨라 형상의 가장 바깥 테두리로부터 시작해 빈두에서 끝나는 얀뜨라에 나선 모양으로 새겨진 산스끄리뜨 글자는 쉬바/샥띠의 상호 작용으로부터 나오는 우주 소리의 거친 측면이다. 두 빈두는 산스끄리뜨 알파벳 전체와 관련된다. 마치 단일화된 두 빈두가 우주의 씨앗을 포함하듯이, 그 알파벳의 처음과 마지막 글자인 A와 H는 완전한 소리의 범주를 포함한다. 이러한 점에서 그 글자들은 '에테르, 공기, 불, 물, 땅'의 모든 원소의 에너지를 나타낸다. 이 다섯 가지 원소의 변형이나 대표적인 양상은 모든 우주, 즉 대우주와 소우주를 구성한다.[23]

에너지의 확장과 축소를 통해 근원적 우주 자궁이 나타난다. 그리고 빈두는 우주 영역의 첫 번째 형태, 슈리 얀뜨라의 중앙에서 아래쪽으로 향하는 삼각형으로 나타난다. 이 단계에서 쉬바와 샥띠 따뜨바(śakti tattvas)는 뚜렷한 범주들로 완전히 발달되지만, 여전히 근원적 삼각형(kama-kala)의 합일로 연결된다. 이 단계는 샥띠가 자신의 세 가지 특징들을 인지하는 것으로 표시된다. 그 특징들은 모든 창조의 근원인 그녀의 창조적 의지(iccha), 다양성을 일으키는 그녀의 무한한 식별의 힘 또는 지식(jnana), 그리고 그녀의 행위와 움직임의 힘(kriya)을 일컫는다.

샥띠의 세 가지 측면은 세계를 구성하는 세 가지 기본적 특성과 철학적으로 관련된다(Kamakavilassa). 이러한 측면들은 샥띠의 세 여신으로 현시와 우주적 소리의 세 가지 변화상에서 발견된다.

여신(샥띠)	샥띠의 면	소리 현상	우주의 변화상
바마(Vama)	의지력(iccha)	희미한소리(pashyanti)	창조
지엔스타(jyenstha)	지식(jnana)	중간소리(madhyama)	유지
라우드리(Raudri)	행동(Kriya)	분명한 소리(vaikhari)	소멸

삼각형이 상징하는 이 근원적 범주들은 쉬바/샥띠의 자기-경험 안에서만 변형을 가져온다. 이 범주들은 최고의 합일(supreme unity)에 어떠한 차별적 요소도 가지지 않는다. 이 창조 단계에서, 영혼은 물질적 본성에 대해 스스로를 발현시키고, 샥띠의 세 가지 측면은 여신이 둘러싼 우주에서 스스로 드러나는 창조적 기능을 구성한다. 철학적으로 이 단계는 쉬바 따뜨바의 순수한 창조에 상응한다. 다음 단계에 이르러서야 쉬바/샥띠의 근원적 동질성이 발현에 의해 나누어진다.

근원적 에너지가 최초로 구체화된 후에는, 물질과 영혼의 미묘한 원리가 정체를 드러내기 시작하고, 물질이 영혼에 우세해지기 시작하면서 전체적인 창조 과정이 변화한다. 이 단계에서 원초적인 합일은 모든 분리와 대극이 나타나는 주체와 객체라는 두 개의 흐름으로 갈린다. 슈리 얀뜨라의 이 단계는 아홉 개 삼각형의 상호작용에 의해 나타난다.

슈리 얀뜨라의 삼각형들은 아홉 개의 우주 자궁(Nava-yoni)으로 불리고, 소우주 속에 아홉 개의 범주와 대응을 이룬다. 이 삼각형들은 두 개의 종류로 나뉜다. 위를 향하는 네 개의 삼각형(Srikanthas)은 쉬바 원리에서 비롯되고 개별적 영혼(Jiva)과 그 활력 에너지를 가리킨다. 아래를 향하는 다섯 개는 샥띠 원리를 나타내고 다섯 가지 미묘한 상태(tanmatras)에 대응하는 땅, 물, 불, 공기,

에테르의 다섯 개의 소우주의 물질적 요소와 감각의 인상에 반응하는 신체 기관이 비롯된다. 행위를 수월하게 하는 기관(입, 손, 발, 장기, 생식기)과 감각 기관(귀, 피부, 눈, 혀, 코)이 있다. 두 세트의 삼각형들은 쉬바-샥띠의 불멸의 합일을 보여주기 위해 서로 포개진다. 이렇게 합일된 삼각형들은 43개의 작은 삼각형들이 나타내는 창조적 우주 영역을 형성한다. 각 삼각형은 하나의 여신에 의해 지배되며, 연꽃 잎의 원과 바깥의 사각형 울타리 속에 존재한다. 형이상학적으로 이 단계는 자연의 모든 요소들의 개화를 의미한다. '오 위대한 신이시여, 우주 전체는 25개의 따뜨바—다섯 개의 원소에 다섯 개의 탄마뜨라, 열 개의 인드리야(Indriyas), 마음(Mind), 마야(maya), 숟다-비디야(Suddha-vidya), 마헤사(Mahesa; 쉬바), 사다쉬바(Sadasiva)를 더한—로 구성된 슈리 짜끄라다.[24]

우주적 질서

인도의 우주전개론에 따르면, 우주는 연속체로 간주된다. 태어나는 모든 것은 탄생을 일으킨 근원적 실재로부터 발달하고, 성숙되며, 소멸된다. 원처럼 우주적 질서는 연속체를 나타낸다. 그러므로 '처음'이라는 것은 존재하지 않았으며, '마지막' 우주도 존재하지 않을 것이며, 우주가 완전한 해체 또는 완전한 통합의 정적 단계에 이르는 기간도 존재하지 않을 것이다.

우주 과정에는 창조, 유지, 소멸이라는 세 가지 단계가 있다. 힌두교 도상학에서, 이 비전은 힌두교의 세 주요 신인 창조주 브람마, 보호신 비슈누, 파괴신 쉬바에 의해 형성된 삼위 일체의 통합된 이미지로 재현된다.

슈리 얀뜨라의 구조적 종합은 우주 생성의 세 가지 단계를 갖춘 삼중구조로서의 우주 시간이라는 인도적 관점을 설명한다. 여기에 맞추기 위해, 얀뜨라를 관장하는 여신 뜨리뿌라(Tripura)는 젊은이(Trividha-Bala), 아름다운 이(Tripura-Sundari), 공포스러운 이(Tripura-Bhairavi) 등 세 가지 측면을 갖춘다. 우주시간의 세 가지 기간은 9의 질서를 가진 숫자적 조합을 만들어서 또 다른 삼위일체와 유사하다. 그러므로 항상 슈리 얀뜨라의 상징 체계와 기본적 구조는 기본적으로 3에서 확장된 9겹으로 움직이며 순환한다. 사각형의 가장 바깥 테두리부터 빈두까지, 슈리 얀뜨라는 각각의 이름을 가지고 신들이(devata) 관장하는 아홉 개의 서킷이 있다. 아홉 개의 서킷은 우주적 주기의 세 가지 국면을 의미하는 세 개의 서킷의 세 그룹으로 나뉜다. 아홉 서킷을 구성하는 세 가지 영역은 창조, 유지, 소멸의 연속적인 측면으로 나타난다. 슈리 얀뜨라와 우주의 변화상의 균형은 딴뜨라자(tantraraja) 딴뜨라에 기초한다.

첫 번째 국면 : 창조

1	사각형	창조-창조	합일
2	16개의 연꽃잎의 원	창조-유지	이원성
3	8개의 연꽃잎의 원	창조-소멸	이원성

두 번째 국면 : 유지

4	14개의 각이 있는 짜끄라	유지-창조	이원성
5	10개의 각이 있는 짜끄라	유지-유지	합일
6	10개의 각이 있는 짜끄라	유지-소멸	이원성

세 번째 국면:소멸

7	8개의 각이 있는 짜끄라	소멸-창조	이원성
8	근원의 삼각형	소멸-유지	이원성
9	빈두	소멸-소멸	합일

우주적 주기에서 어떠한 단계도 그 자체로 절대적이지 않고, 각 단계는 합일 원리에 의해 중화된 불균형성을 지닌 대극의 원리를 종합한 것이다. 예를 들어, 첫 번째 단계에서 창조는 어떤 생명 형태가 발전되는 거대한 우주의 활동으로 나타난다. 어떤 것이 정적으로 유지될 때 다른 것은 사라진다. 두 번째와 세 번째 단계에서 동일한 원리는 유지나 소멸이 우세할 때, 동시에 몇몇 생명 형태가 발달하고 보존되고 소멸된다. 우주 주기의 각 단계는 역동적인 전체이고, 그 전체가 모든 부분을 포함하는 동안, 모든 부분은 전체에 흡수된다.

이러한 분할의 신비로운 본질에 놀라서는 안 된다. 그들은 삶의 모든 면을 역설의 스펙트럼과 해소로 보는 샥따(Sakta) 철학의 핵심적 본질을 시연한다. 본질의 어떤 요소도, 삶의 어떤 과정도 그 자체로 완전하게 될 수 없다. 그것은 그것을 드러내기 위한 반대 측면을 포함하고, 제3 원리(합일)에 의해 긴장과 반대를 해소한다. 이러한 차원에서 우주 주기의 각 측면은 그 자체로 완전하고 주기적 연속체를 유지한다.

숫자 3과 9의 조화는 우주적 시간 구조의 상징적 조화에 기초하기 때문에, 인도에서 불가피하게 필요하다. 우주 주기의 세 가지 국면을 구성하는 전체(Whole)는 세 겹(threefold)이다. 그것은 두 개의 반대면과 중립을 의미하는 해소를 뜻한다. 창조의 모든 부분은 또한 전체의 본질이 되어야 한다. 그러므로 전체(창조, 유지, 소멸)의 각 세 부분은 숫자 9의 질서속에서 3으로 나누어진다. 이 전체의 개념은 슈리 얀뜨라의 9 서킷에 포함되고, 9개의 쉬바-샥띠 삼각형은 세 개의 근원적 삼각형의 합일의 확장이다.

마야의 거미줄

　존재의 계층적 단계의 개념은 딴뜨라적 사고에서 중심적 위치를 차지한다. 따뜨바(tattvas)로 알려진 우주의 범주들과 원리들은 쉬바-샥띠가 세계를 창조하기 위해 무한한 확장에 투영한 것으로 쉬바와 샥띠가 정점에 위치한 피라미드로 구성된다. 세계는 순수한 합일(쉬바)로부터 시작해 지속적으로 전개되고, 창조의 사다리 아래로 내려갈수록, 사이바-샥따 이론에 따르면 이러한 과정이 역전되어 최초로 돌아가 어떤 상태에 이를 때까지 우주적 범주의 차별성과 다양성도 더해져 간다. 다시 말해, 진화 과정 동안 창조되는 연속된 범주들은 아래로 가던 방향이 역전되고 위로 이동하여 그들을 탄생시킨 본질이 된다. 다시 한 번 다양성이 합일이 되는 것이다. 존재하는 모든 것에 적용되는 이러한 영적 하강과 상승은 슈리 얀뜨라에서 도표화된다.

　딴뜨라에서 발견된 인간의 비전은 우주의 딴뜨라적 비전에 대응한다. 우주의 딴뜨라적 도식은 영적 또는 순수함, 정신적, 신체적 등 세 개의 차원 또는 세 가지 종류의 따뜨바로 구분된다. 이 세 개의 범주는 사이바와 샥따 딴뜨라에 의해 생명의 순환을 구성하고 물질과 영혼으로 이루어진 인간의 전체 존재를 규정하는 것으로 간주된다.

우주	인간
순수하거나 영적인 따뜨바(쉬바-샥띠)	아뜨만 혹은 참나
정신적인 따뜨바(마야 샥띠)	마음(지적인 기관)
신체적 따뜨바(쁘라끄리띠)	몸(감각과 행위의 기관)

근원적 우주 합일이 두 개로 분리됨으로, 출생 이전 단계에서 발생하는 우리의 의식은 두 부분으로 나누어진다. 하나는 초연함 속에서 관찰하는 침묵의 지켜보는 자(아뜨만 the Atman)와 다른 하나는 현실의 자아가 삶의 창조적 놀이를 만들어내는 것이다. 이러한 의식의 두 가지 기본 수준은 근원적으로 다르나 동일한 시공간에 걸쳐 있다. 남성과 여성원리(쉬바-샥띠)가 동등하게 만나는 의식의 불멸의 지점인 아뜨만은 순수한 합일이다. 의식이 근원적 합일에서 나누어질 때, 의식이 나타내는 첫 번째 형상인 현상적 자아는 끊임없는 변화와 충동을 만들어내는 마음, 감각, 행위의 기관으로 구성된다.

아뜨만은 장애물도 제한도 없다. 그것은 영원토록 순수와 전체성을 유지한다. 그것은 '전체'이다. 위대한 에너지(마야 샥띠)의 창조적 놀이의 마법 아래, 인간은 현상적 에고를 실재와 혼동하고 그것을 아뜨만과 동일시한다. 현상적 에고는 우리의 내면적인 전체의 인식을 무너뜨리고 우리가 흩어진 이미지의 집합(오온)으로 삶을 보게 만든다. 우주와의 내적 합일을 감추고 제한하는 요소(kanchukas)는 덮개와 같아서 참나(real self)를 숨기며, 아뜨만의 광채를 가리고 있다. 딴뜨라 탐구의 목적과 의례와 명상의 목적은(4장과 5장) 참나의 점진적 깨달음이다. 수행자가 다양성의 외부지향적인 세상에서 합일의 내적 중심까지 단계를 올라가기 때문에, 현상적 에고의 놀이는 아뜨만의 내적 전체성을 이끌어낸다.

중심으로 환원

쇠퇴는 영적인 것으로의 회귀하려는 충동이다. 이는 현실의 삶을 거스르는 움직임을 암시한다. 주관적인 용어로 말하자면, 이는 보다 높은 의식 상태를 갈망하며, 경험이 시작되기 전 '선험' 상태인 우주적 태아 상태로의 회귀하는 모양을 갖춘 영적 여정이다. 합일을 향해 다양성의 사다리를 올라감으로써 보다 '낮은' 것을 버리는 것을 의미한다. 이러한 회귀는 인격의 중심을 자아-중심적 의식을 단편으로 부수어 인지함으로부터 우주-중심적 전체로 이동시키고, 개인과 우주적 의식의 합일(쉬바-샥띠)을 가져온다. 이는 세속적 자아, 부패하기 쉬운 현상적 에고의 죽음이자 영원하고 죽음이 없는 존재의 상태로 부활하는 것을 의미한다. 얀뜨라-의례와 명상의 원리는 궁극적 중심으로 회귀만을 목표로 한다. 얀뜨라는 수행자로 하여금 쇠퇴의 과정으로 전환시킨다.

우주의 계층적 단계는 얀뜨라에서 바깥에서 중심으로 향하거나, 피라미드에서 낮은 단계에서 높은 단계로 정상까지 상승하는 중심의 모양으로 묘사된다. 바깥에서 중심으로의 여정은 쇠퇴 방식이나 '해체되는' 길(laya-krama)로 알려진다. 역으로, 우주의 상징으로서 얀뜨라의 해석은 빈두에서 바깥을 향하고, 전개 방식이나 스리스티-카르마sristi-Krama로 알려진다.

얀뜨라는 불멸하는 전환의 길, 내적 전체로의 방법을 그린다. 마야의 거미줄로부터 벗어남으로, 열렬한 헌신자는 얀뜨라의 상징을 통해 내면에서 불멸의 존재를 점진적으로 재발견한다. 그가 우주의 모든 상징과 얀뜨라의 본체를 내면화할 때, 열렬한 수행자는 더 이상 상징이 묘사하는 진실로부터 멀어지지 않고, 그가 추구하는 진실 자체로 변화된다.

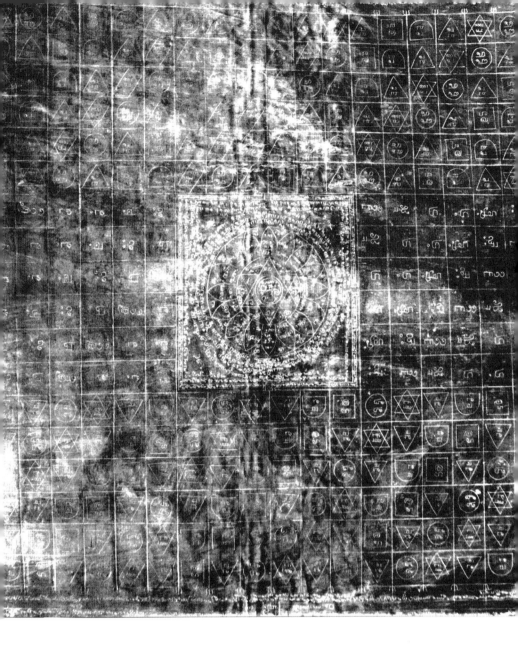

28. 수리 짜끄라-파트라(Sri Chakra-patra). 그의 배우자 락슈미와 함께 있는 하리 나라야나(Hari-Narayana)로서 비슈누
얀뜨라. 바라다라자야(Varadarajaya) 왕이 딸인 공주가 결혼할 때 그녀의 보호와 평안을 기원하기 위해 그녀가 숭배
하도록 준 얀뜨라 형상 위에 명문이 새겨있다. 이 상징은 아홉 행성을 나타내는 중앙 사각형 주위로 많은 시간들이
반복된다. 상징적으로 중심에서 기원드려진 신성의 우주적인 에너지를 보호하기 위하여 역할을 한다. 타밀 나두,
16세기 경, 구리 접시 38×38인치

29, 30. 크리슈나. 비슈누의 아홉 번째 화신이며 힌두 숭배사상의 중심신, 그의 형상과 얀뜨라 형태. 궁극적 존재와 영원한 연인으로 크리슈나는 궁극적 귀의로 인간의 영혼을 이끈다. 얀뜨라의 씨앗 만뜨라 Klim은 사랑의 영원한 측면을 상징한다. 오릿사, 18세기. 청동

31, 32 라다(Radha), 크리슈나의 환희의 힘(Hladini- akti), 그녀의 행운의 얀뜨라와 인간으로서 형상. 뱅갈, 18세기. 황동

33. 위대한 깔리 여신의 열 가지 측면 중 네 번째인 마하비디야 부바네쉬와리(Mahavidya Bhuvanesvari), 그녀의 얀뜨라 가운데 주재하는 여신은 그녀 주변의 둘러싼 신격들의 만뜨라의 의미에 의해 숭배 의례를 하는 동안 가까이 경험된다. 정확히 음송되면 이 만뜨라는 수행자의 심리적 상태를 점진적으로 변형시킨다(102-5쪽 참조). 라자스탄, 18세기 경. 종이 위에 구아슈 물감

34-37. 열여섯 개의 달의 여신들인 니띠야 샥띠(Nitya Śakti). 순환론적 인도 사상에 의해 이해되는 우주적 시간의 모델을 함께 제공한다. 위 좌측에서 우측으로 달의 밝은 기간대(상현과 하현 사이)의 네 신격인Kamesvari Nitya, Bhagamalini Nitya, Nityaklinna Nitya 그리고 Bherunda Nitya. 라자스탄, 19세기경. 종이 위에 잉크

120

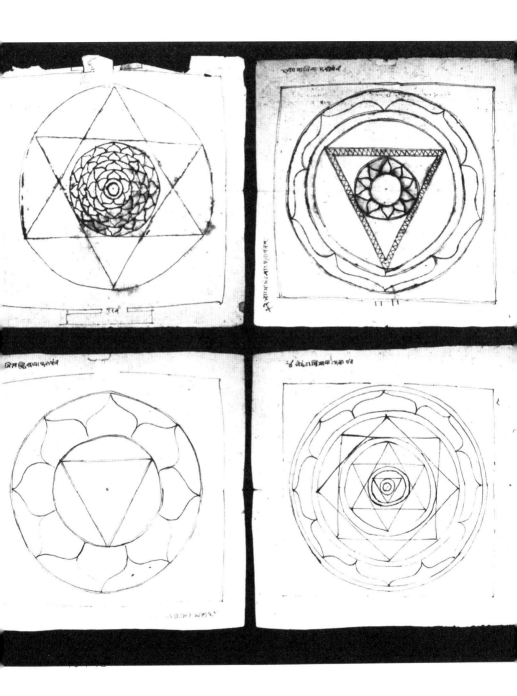

38-42. 각 니띠야 샥띠는 우주적 에너지의 완전한 현시가 아직 나타나지 않은 부분이다. 부분적인 측면이 완전함을 잃어버리지 않고 달과 같이 그들 모두를 포함하는 순환하는 주기의 세계가 위의 얀뜨라의 요소에 의해 상징된다. 위는 단일한 달의 국면의 얀뜨라인 Sivaduti Nitya, 맞은편은 Vahnivasini Nitya, Mahavajresvari Nitya, Tvarita Nitya 그리고 Nitya-Nitya. 라자스탄, 19세기경. 종이 위에 잉크

124

43-46. 달의 주기에 대한 종결 국면을 나타내는 여신들 . Nilpataka Nitya, Vijaya Nitya, Sarvamanbala Nitya, Chitra Nitya.
마지막은 슈리 얀뜨라 안에서 숭배되는 Adya Nitya. 라자스탄, 19세기경. 종이 위에 잉크

47. 슈리 얀뜨라, 우주의 전개된 이미지. 중심에서 주변으로 향하는 보여지는 빈두, 얀뜨라의 아홉 주기는 현시된
세계의 실재에서 외관상으로 분리된 것에서 탄생하여 전개된 상태를 나타낸다. 크리스탈 위에 새겨진 이 얀뜨라
가 가지는 물질의 투명성은 상징적으로 창조의 총체성을 포함하고 있는 얀뜨라로서 모든 색채를 포함하고 있는
것으로 믿어진다. 반대방향에서 보면 주변에서 중심으로 쇠퇴의 양식으로 알려진 측면이 보인다. 슈리 얀뜨라는
의례적 숭배의 도구이고, 신의 진정한 전체성을 재발견하고 신을 직관적으로 알고자 하는 수행자에게 권능을 부
여한다.

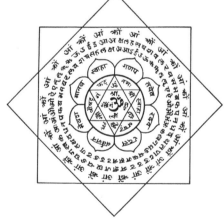

48, 49. 지혜와 행운의 신, 장애를 추방하는 신으로
숭배받는 코끼리 머리를 한 가네샤 얀뜨라, 위에는
그의 도상적 얀뜨라가 구리위에 새겨져 있고(타밀
나두, 전통적 형상에 기초한 현대적 이미지), 오른쪽
에는 만뜨라와 함께 기입된 그의 추상적 얀뜨라. 현
대적 이미지

50-53. 의례적 숭배에 사용되는 작은 구리접시 위에 새겨진 얀뜨라들, 위 좌측에서 아래 오른쪽으로 비슈누의 힘과 광명을 상징하는 슈다르샤나Sudarshana 얀뜨라, 남성과 여성의 합일을 상징하는 비슈누와 락슈미 얀뜨라, 우주의 보존자인 비슈누 얀뜨라, 그리고 쉬바의 별칭 중의 하나이고 길조를 나타내는 Kala Bhairava Chakra. 타밀 나두, 전통적 형상 위에 기초한 현대적 이미지

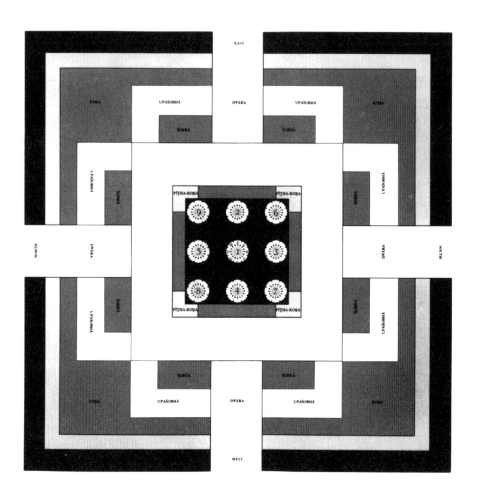

54, 비슈누의 숭배에 바쳐진 딴뜨라적 얀뜨라인 Navapadma(아홉 연꽃) 만달라. 가운데 아홉 연꽃은 비슈누의 아홉 별칭의 자리이다. 사각형태는 Pancaratras 종파에서 사용된 딴뜨라적 Vaishnava 얀뜨라의 특징이다. 전통적인 형상에 기초한 현대적인 다이어그램

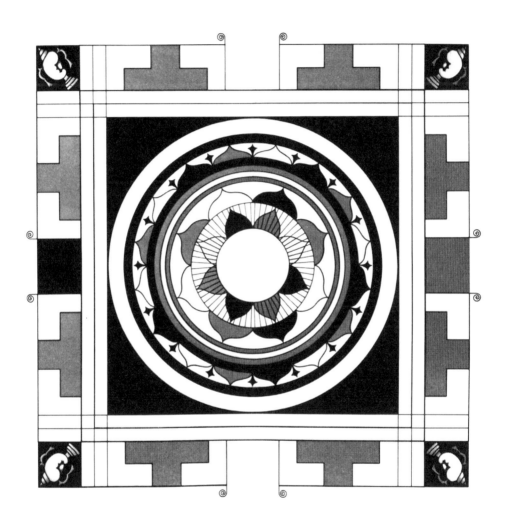

55. 딴뜨라 입문 의례에 사용된 연꽃잎 원주로 마무리된 얀뜨라인 Chakrabja 만달라, 남인도, 전통적인 형상에 기초한 현대적인 다이어그램

56, 57. (좌)슈리 얀뜨라 뿌자를 위한 만뜨라를 적은 두루마리(제의 숭배, 보통 매일 수행된다). (하)정확하고 리드미컬한 음송은 정형화된 패턴의 슈리 얀뜨라의 힘을 활성화 시킨다. 남인도, 17세기경, 구리

58, 59. (左)뿌자에 사용된 붉은 파우더와 샌달나무 풀로 점을 찍은 마하비디야 따라의 얀뜨라(남인도, 18세기, 구리접시)

(下)슈리 얀뜨라의 메루산 형상, 명상에 사용되는 일반적인 형태와는 대조적으로 구층의 단으로 수행자의 깨달음을 세상에서부터 가장 높은 영적 단계(정점 또는 빈두)로 오르는 피라미드 형상을 나타내고 있다. 라자스탄, 18세기경, 청동

60, 61. 대담한 대비로 표현된 그녀의 얀뜨라와 함께 있는 두르가 여신의 화려한 전통적인 이미지. 이미지와 얀뜨라는 동일한 불의 불꽃에 비유된다. 그리고 봉헌의례 안에서 서로 교환가능하다. 20피트 높이의 점토조상, 서 뱅갈지방; 딴뜨라사라 딴뜨라 수행에 기초한 얀뜨라, 라자스탄, 19세기, 종이에 잉크

4. 얀뜨라의 역학 : 의례

의례와 명상의 수행은 내적인 명상과 외적인 의례의 병행을 통해 상징들을 내재화하고 외연화한다. 이러한 내적 및 외적 활동의 지속적인 상호작용은 얀뜨라의 역동성을 구성한다. 힘-다이어그램의 에너지(샥띠)는 신성한 활동을 통해 활성화되고 유의미해질 때까지 생명이 없는 불활성 상태로 남아 있기 때문이다. 의례를 통해, 힘은 얀뜨라로 하강하고, 인간은 존재의 고차원적 영역으로 상승하기 시작한다.

실재하지 않는 신에 대해 실재하지 않는 수행자에 의한 실재하지 않는 세계에는 어떠한 성취의 수단이나 수행도 존재할 수 없다.[1] 이 진술은 신 또는 여신이 시각적으로는 얀뜨라를 통해, 청각적으로는 만뜨라 낭송을 통해 현존할 수 있도록 나타나야 하고, 수행자가 신성의 내적 경험을 성취하려고 애써야 하는 것을 의미한다. 수행자는 얀뜨라에 일깨우고자 하는 신성이 그에게 낯설지 않게 하기 위해서는, 의례를 통해 자기 자신과 얀뜨라를 정화하고 준비해야 한다.

입문 의례

입문(initiation)은 수행자가 자신의 내적 중심으로 돌아가고 우주와의 통합을 향한 여정을 준비하는 첫 번째 실존적 경험이다. 입문 의례를 통해 사다카는 얀뜨라-만뜨라 역학의 본질과 활용을 배우고 기호와 상징의 내재적 의미를 이해하기 시작한다.

본래 입문 의례는 하나의 세계에서 다른 세계로의 통과를 의미한다. 이 의례는 단순히 정적인 사건이 아니라, 사다카가 원초적 근원에 익숙해지도록 존재 전체의 경험을 변화시키는 동적인 경험이다. 두 번째 '진정한' 탄생이라고 할 수 있다.

정교한 의례는 문자 그대로 자연히 일어나는 '죽음'과 '부활'을 유도하기 위해 실시된다. 어떤 딴뜨라들은[2] 여러 날 동안 지속하고 완벽한 요가과정을 형성하는 25가지의 다양한 입문 유형을 기록하고 있다. 입문의 가장 단순한 형태는 구루에 의해 형성된 만뜨라 입문(mantra-diksha)이다. 일반적으로 얀뜨라는 입문 의례에서 가장 중요한 역할을 하고, 샥띠 수행자들 사이에서도 중요한 역할을 한다. 예를 들어 입문은 슈리 얀뜨라를 이용해 수행될 수도 있다. 가장 간단한 형태의 의례의 경우, 구루는 제자를 세 단계로 입문시킨다. 첫째 구루는 여신(Devi)에 집중한 채 제자를(sparsa-diksha) 마주한다. 그리고 나서 사랑과 은혜(drik-diksha)로 제자를 바라본다. 마지막으로, 지식의 언어를 전하고 짜끄라-뿌자(슈리 얀뜨라의 서킷 또는 짜끄라의 숭배 의례)의 비밀 수행법을 제자에게 전해준다. 이후 여신의 백 개 음절로 이뤄진 만뜨라를 낭독하고 슈리 얀뜨라에 꽃을 바친다.

마하니르바나 딴뜨라(X, 109-97)에 설명된 바와 같이, 어떤 입문 의례는 카울라 수행자(Kaulas) 또는 '좌도(左道)' 딴뜨라 수행자가 따르며 매우 정교하다.

뿌루나비세카(purnabhiseka)로 알려진 이 의례는 사바또바드라(Savatobhadra)를 이용해 5가지 '금지된 요소'인 술, 고기, 생선, 곡물, 성교를 통해 수행된다. 이때 항아리가 만달라의 한가운데 위치한다. 그리고 신체를 정화하는 의례인 니아사(nyasa. 신체 곳곳에 신성한 힘을 주입하는 의식; 주입, 임명, 배치), 묵상 및 만뜨라 낭독으로 이루어진다. 다섯 요소는 상징적으로 항아리 위에 바친다. 마지막으로 구루는 제자에게 만달라를 전해주고 새로운 이름을 붙여준다. 제자는 만달라의 수호 신격을 경배한다. 이 의례는 하루만에 실시되기도 하고, 사흘, 닷새, 이레 또는 아흐레에 걸쳐 특수한 얀뜨라와 함께 날마다 거행되기도 한다.

또한 비슈누파(派) 딴뜨라 수행(tantric Vaishnavite; Pancaratra) 중에서 입문은 만달라를 가지고 수행된다. 락슈미 딴뜨라(Lakshmi Tantra)는 짜끄라브자 만달라(Chakrabja Mandala)를 이용한 각 의례에 대해 정교한 비전을 제공하고, 이는 아홉 개 부분으로 나뉘어져 각 의례는 비슈누신(Vishnu)의 형상 중의 하나로 명명된다. 의례의 첫 단계 이후, 수행자는 새로운 이름을 갖는다. 이를 위해 수행자는 눈가리개를 하고 짜끄라브자(Chakrabja)에 꽃을 던진다. 꽃이 떨어진 부위에 따라 수행자는 비슈누신의 별칭을 얻는다. 입문의 또 다른 형태는 '따뜨바-딕샤(tattva-diksha)'를 부르는 것이다. 우선 구루가 세 가닥으로 만들어진 실을 준비한다. 각각 아홉 개 매듭이 있는 세 가지 물질의 본질-sattva, rajas, tamas-의 특징 중의 하나를 의미한다. 27개의 점은 수행자의 신체에서 모든 우주의 원리를 상징적으로 의미한다. 그리고 신성한 불에 봉헌하는데 이 의례는 상징적으로 오래된 자아의 '죽음'을 의미한다. 그리고 영적 삶을 여는 새로운 자아가 태어난다.

방법에 상관없이 수행자의 정신적 변화의 시작은 입문 의례를 통해 이뤄진다. 입문 의례는 사다카의 완전한 새로운 탄생을 완성하고, 얀뜨라 수행의 다양한 실천으로 인도한다.

쁘라나쁘라띠스타 의식(pranapratistha ceremony)

수행자가 입문 의례를 통해 변화한 것처럼, 얀뜨라도 봉헌을 위해 이용될 수 있도록 의례를 통해 완전한 변화를 거친다. 얀뜨라 봉헌의 가장 중요한 의례는 얀뜨라의 기하학적 패턴 안으로 활력(prana)을 불어넣는 쁘라나쁘라띠스타(pranapratistha)이다. 이는 영적 우주가 얀뜨라에 '하강'하여 빛나는 표상이자 우주적 힘(샥띠-루빠)과 의식(chaitanya)을 받아들이는 저장소가 되어, 현상학적으로는 단순한 디자인에 불과한 것이 아니라 신성한 원형적 공간으로 변하는 것을 목표로 한다.

수행자로부터 얀뜨라로 힘의 이동은 다이어그램의 본질을 변화시킨다. 그리고 세속적 공간의 신성화는 반대로 사다카를 상승시켜 신의 현현을 통한 본질적인 에너지를 실현시킴으로써, 얀뜨라가 수행자와 우주 사이에서 강력한 접촉 수단이 된다.

의례의 초기에는 살아있는 실재로 변화될 얀뜨라가 나무 받침대 위에 놓여진다(yantra sthapana). 만달라(얀뜨라의 큰 범주)는 얀뜨라가 신성화되는 곳에 자리하고, 적절한 만뜨라를 낭독하면서 그 자리(pitha puja)의 특정 신성과 공간의 네 방위의 지배자(방위신)를 경배함으로써 정화된다. 받침대 위에 놓인 얀뜨라는 쁘라나쁘라띠스타 의례를 실시하기 위해 평평한 그릇 위에, 그리고 식탁 위, 만달라 위에 차례로 놓인다. 부정적 소음에 의한 진동이 없는 순수한 원형의 공간을 만들기 위해서, 부정적이거나 악의 힘을 내쫓는 의례(bhutapasarana)는 만달라로 실행된다. 네 방향의 울타리(digbandhana)로 알려진 다른 의례는, 수행자가 오른쪽 엄지와 중지를 열번(여덟 방향, 바닥, 천정) 튕겨 소리를 냄으로서 상징적으로 공간의 네 방위를 결합한다.

다음으로 수행자의 몸이 상징적으로 깨끗하게 한다. 정화된 신체에는 신성이 내재하게 되고, 신성한 의식은 살아있는 실재를 만들기 위해서 얀뜨라로 전해진다. 수행자의 신체는 부타순디(bhutasuddhi)의 의례로 무한히 빛나게 된다. 그리고 신체의 신성화는 다섯 요소의 상징적 소멸로 이루어진다. 각 요소는 만뜨라 낭독으로 소멸된다. 그런 다음 수행자는 신들에 집중하기 위해 명상을 하고, 만뜨라를 읊는 동안 신체의 곳곳을 만지는 니아사(nyasa) 의례를 수행한다.

이 의례를 통해서, 수행자는 깨어있는 의식적 힘을 몸에 담게 되고 그의 몸은 신성한 에너지의 저장소가 된다. 정화되고 우주화된 수행자는 얀뜨라에게 힘을 전달하기 위한 적절한 수단으로 간주된다.

얀뜨라로의 생명력의 하강은 다양한 방식으로도 성취될 수 있으나 주요 방법 중 하나는 호흡(pranayama)이다. 수행자가 완전히 집중하는 동안, 적절한 만뜨라가 음송되고 오른쪽 콧구멍을 통해 생명 에너지를 전달받아 신은 숨쉬게 된다. 수행자는 호흡을 통제하여 손에 쥐고 있던 붉은 꽃 위로 발산되도록 한다. 그의 신성한 본질은 수행자의 신체를 통해서 서로 교통한다. 그는 의식의 불꽃이 번뜩임으로 충만해지기 시작하는 얀뜨라의 중앙에 꽃을 놓는다. 마하니르바나 딴뜨라(VI, 63-74)는 이 과정을 다음과 같이 기술한다.

두 손으로 'tortoise mudra'(수인) 짓는 동안, 사향, 알로에, 샌달나무, 향기나는 아름다운 꽃을 손에 들었다 내려놓고 그의 가슴속에 있는 연꽃으로 옮긴다.

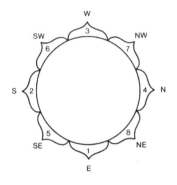

우주의 여덟 방향으로 향해 연꽃잎이 펼쳐진 모습으로 신성한 자리를 제공하는 얀뜨라는 숭배 의례를 통해 성화된다.

가장 궁극의 아디야(Adya)위에 연꽃안에서 명상하는 그를 내려 놓는다.

슈슘나 나디를 따라 여신은 그를 이끈다. 슈슘나 나디는 천개의 잎을 가진 위대한 연꽃인 브라흐만의 높은 길이다. 그곳은 그녀를 지복스럽게 만든다.

그는 이 콧구멍을 통해 그녀를 데려온다, 꽃위의 그녀에게 그를 내려 놓는다.

얀뜨라 위에 꽃을 놓고 씨앗 만뜨라(bija) Kring를 외운다.

오! 아디야 데비 깔리카! (얀뜨라 안으로) 오소서. 여기 머무소서. 나의 숭배를 받아주소서.

얀뜨라 안으로 여신이 깃들기를 간청하면 신의 생명력을 가진 공기가 쁘라티스따 만뜨라에 의해 안으로 들어온다.

Ang, Hring, Krong, Shring, Svaha, 여기에 있는 신의 생명력 있는 공기여, Ang, Hring, Krong, Shring, Svaha, 여신의 영혼은 여기에 있다. Ang, Hring, Krong, Shring, Svaha, 모든 감각. Ang, Hring, Krong, Shring, Svaha, 말, 마음, 시각, 냄새, 듣기, 만지기, 그리고 아디야 깔리 데바타의 생기, 이리 오소서. 영원히 여기에 행복하게 머무소서, Svaha.

생명의 힘을 불어 넣는 다른 방식은 상징적 수인(Avahana-mudra)[3]에 의한 것이다. 수행자는 신격의 본질을 상징적으로 나타내기 위해 적절한 수인을 취하면서 숨을 내쉰다. 그 다음 그는 접힌 손을 얀뜨라 위로 천천히 내린다.

다른 의례에서, 신은 잘 알려진 다른 만뜨라의 변형이나 유명한 가야뜨리 만뜨라의 딴뜨라적 형식을 사용해 모셔질지도 모른다. 어떤 의례[4]는 여러 가지 흐르는 액체를 사용해서 얀뜨라를 정화하는 의례를 소개한다. 어떤 경우에는 씻는 것이 상징적으로 불순물을 씻어내는 것을 의미한다.

비록 수행자가 따르는 어떠한 방식일지라도, 생명력 안치(Pranapratistha) 의례는 얀뜨라의 변형에 영향을 준다. 그것은 현실의 다른 수준에서 기능하기 시작한다. 그것은 신이 현시되는(추상적 형태의 신) 저장소가 된다. 얀뜨라는 힘(샥띠)과 동일시되는 원형적 공간(akasa)의 단일체로 변형된다. 더 이상 얀뜨라가 영혼이 덮여진 무지한 물질과 같지 않으며, 얀뜨라는 깨어난 신성의 존재를 가진 본성이 된다.

아바하나-무드라Avahana-mudra 이 수인에 의해 쁘라나쁘라띠스타 의례에서 신의 현존을 모셔온다.

얀뜨라 뿌자(Yantra puja)

숭배(puja)의 외적 의례 혹은 얀뜨라의 상징을 통한 신에 대한 경의가 바쳐진다. 얀뜨라 뿌자는 수행자가 신들의 신비로운 조합을 통해 얀뜨라에 기원 드리는 우주적 힘과 연결을 형성하는 독특한 의례로 매일 수행된다. 뿌자는 깊은 상징성을 지니고 수행자의 완전한 심리적-신체적 복합체를 통해서 이루어지며, 꽃, 향, 물, 음식 공양 등 의례 구성 요소의 다양성을 포함해 미학적으로도 아름다운 의식을 통하여 숭배자는 집중 상태에 도달하고자 노력한다.

공양의 형태와 숭배의 기술은 숭배자의 분파에 따라서 다양할 것이다. 예를 들어, 좌도 딴뜨라 수행자들의 숭배에서는 항상 상징적으로 5가지의 비의적 요소(Pancha-makara)-술, 고기, 생선, 곡물, 성교-를 공양한다. 반면 우도는 매일 상징적 구성요소, 즉 꽃, 향, 수인을 간단하게 사용한다. 봉헌 예배가 복잡한 기술과 정교한 제식도구를 필요로 하지만, 그것의 가치와 본질은 수행자의 태도(bhava)와 내적 경험(anubhava)에 있다. 그 의례는 숭배 대상을 향해 전체적으로 자신을 맡기는 감정과 완전한 헌신, 공감이나 겸손의 깊은 느낌에 접근한다. 작을 지라도 모든 봉헌은 의미를 갖는다.

> 진실한 헌신으로 누군가가 나에게
> 과일이나 물이나
> 나뭇잎이나 꽃을 바치면
> 무엇이든지 받을 것이다.
> 선물은 사랑이다.
> 가슴으로부터의 헌신이다.　　　　바가바드 기타

얀뜨라 뿌자는 때때로 마음 속에 구체적 목적(sakama)을 가지고 수행된다. 특수하고 일시적인 목적일 경우, 얀뜨라가 샌달나무 풀, 빨강 물감(kum kum), 샤프란으로 금속판에 그려질 수도 있다. 혹은 구리, 은, 금 위에 새겨질지도 모른다. 재료의 색채는 숭배의 목적에 의해 결정된다. 그래서 만약 의례가 상서로운 목적을 위해 행해진다면, 얀뜨라는 일반적으로 빨강색이다. 또한 주술적 위로 의례일 때에는 노란색이다.[5]

딴뜨라 원전에 따르면, 수행자는 슈리 얀뜨라를 숭배하기 전에 빨간색 의복을 입고, 샌달나무 풀로 몸에 문지르고, 장뇌를 태운 향을 몸에 배게 한다. 그는 동쪽을 향해 연화좌로 앉은 뒤 의례를 시작해야 한다.

생명력 안치(Pranapratistha) 의례를 위해 선택된 신(ishta-devate)에게 기도한 후에, 수행자는 상징적으로 얀뜨라가 위치하는 자리에서 모든 방해물이나 부정적인 힘을 깨끗하게 한다. 예비의례는 부정적인 힘에 대해서 보호하기 위한 네 개의 방위를 '방어하여' 얀뜨라 주위의 우주적 경계를 생성하는 것을 돕기 때문에 특히 중요히 여겨진다.

수행자는 모든 불순한 존재에서 자유롭게 하고 숭배에 적합한 만뜨라를 낭독하는 동안, 손끝(니아사 또는 자세를 통한 숭배)으로 신체의 다양한 부분에 접촉한다. 두 가지 유형의 니아사가 수행된다. 첫째 까라-니아사(kara-nyasa)는 특수한 만뜨라처럼 손으로 접촉한 부분과 연관된다.

엄지: Hram Namah

검지: Hrim savaha

중지: Vasat

애지: Hraim hum

약지: Vasat

손바닥: Hrah

손등: Phat

두 번째 형태인 안가 니아사(Anga-nyasa)는 신체의 부분들을 만뜨라로 신성하게 한다.

가슴: Hram namah

머리: Hrim

머리 끝: hrim vasat

어깨 아래 팔: Hraum vasat

이 두 가지의 니아사를 실행 후에는 얀뜨라에 모신 신에게 정신적으로 집중하는 과정이 따른다. 의례의 소도구들은 적절한 만뜨라(무기 만뜨라, Phat)와 의식적 수인(dhenu-mudra)을 통해 신성하게 된 물을 뿌려 정화한다.

이 예비의례 후에, 얀뜨라는 의례적 봉헌, 다섯 가지 공통 요소(panchopacara) 샌달나무 풀, 꽃, 향, 빛나는 오일 램프, 음식 을 이용해 숭배된다. 각 요소에 상응하는 씨앗 만뜨라를 암송하는 동안 수행자는 깊이 집중한다.

Ham 땅의 형태로서 여신을 위해 샌달나무 풀을 바칩니다.

Ham 에테르의 형태로서 여신을 위해 꽃을 바칩니다.

Yam 공기의 형태로서 여신을 위해 향을 바칩니다.

Ram 불의 형태로서 여신을 위해 빛을 바칩니다.

Vam 물의 형태로서 여신을 위해 음식을 바칩니다.

다섯 가지 헌물은 숭배자가 바치는 자신의 감각들을 상징한다. 수행자의 궁극적인 목적은 '그 자신이 숭배하는 신 그 자체가 되기 위한 것'이다.

이때 얀뜨라 숭배의 특징적인 아바라나 뿌자(Avarana puja)가 시작된다. 숭배자는 각각의 영역에 적합한 만뜨라와 함께 의례의 헌물을 바친다. 각 영역은 샥띠의 물질적 저장고를 나타낸다. 얀뜨라의 중앙에 위치한 주요한 신격으로부터 시작해서, 정확히 우주가 빈두로부터 스스로 펼쳐있는 방식으로 연꽃잎, 원, 각에 배열한다. 또한 슈리 얀뜨라는 빈두 안의 트리뿌라 순다리 여신(tripura-Sundari; Lalita)으로 시작해서, 마지막 봉헌을 위해서 나선모양으로 중앙에 들어가는 지점인 가장 바깥쪽 사각형의 자리에 닿을 때까지 순서대로 모든 샥띠의 바깥으로 움직이는 방식으로 숭배된다.

아바라나 뿌자는 얀뜨라의 동쪽에서 시작해서 시계방향으로 돌아 나아간다. 이 빙글빙글 도는 모양은 주관적 리듬 감각을 만들어 내고, 수행자가 다음 얀뜨라의 서킷에 숭배를 하기 위해 움직이기 전에 근원으로 돌아가는 느낌을 주기 위해서이다.

마하비디야의 부바네슈와리(Mahavidya Bhuvanesvari; Sri-Bhuvanesvari-Nityarchana)의 아바라나 뿌자는 얀뜨라의 아홉 개의 영역에서 실행되며, 한편으로는 만뜨라와 얀뜨라 통합과 다른 편으로 우주의 생성과 소멸의 상징을 나타낸다.

만뜨라는 신격의 이름과 씨앗 음절로 구성되며 해석될 수 없다. 만뜨라는 소리-진동에 의해 영향을 미친다. 만뜨라는 만뜨라의 소리가 우리의 감각에 스미듯이, 음악과 같이 그것이 의미하는 것을 전달하기 위한 것이다. 우리가 앞서 보았듯이, 우주, 신격, 만뜨라는 동등하게 간주된다. 그래서 딴뜨라 의례에서 신격의 이름을 반복해서 음송하는 것은 초월적인 현존을 재현하고 직관적 깨달음에 도움이 된다.

만뜨라의 반복적인 리듬 형태는 정적인 형태를 동적으로 만들고, 이동하는 선형(線形)적 힘을 얀뜨라에 불어넣어, 수행자의 초월적 변형을 위한 감각에 영향을 미칠 수 있다.

첫째 서킷 : 빈두

만뜨라를 음송하는 것으로 빈두 안에서 쉬바와 함께 여신에게 기원(祈願)한다.

몸의 각 부분과 결합된 만뜨라와 함께 공간의 여덟 방향의 신격에 대한 이름을 음송하는 것에 의해 빈두 주변의 보호가 이루어진다.

수행자가 첫째 서킷의 여신에 좋은 운과 성공을 주도록 기원드리는 마지막의 뿌리 만뜨라가 음송된다.

둘째 서킷 : 육각형

북쪽 삼각형부터 그들의 샥띠를 가진 신들에게 기원한다.

이후 가슴에서 시작하여 눈까지의 신체의 부위와 연관된 만뜨라를 음송한다.

둘째 서킷에서는 둘째(dvitiya) 서킷의 신들Dvitiyavaranarchanam로 마무리 된다.

셋째 서킷 : 여덟장의 연꽃잎

연꽃잎 위의 신들에게 기원된다.

위에서와 같이 뿌리만뜨라와 각 신들의 이름 뒤에 주요 만뜨라에 이어서 서킷의 셋째 (tritiya) 신들tritiyavaranarchanam이 포함된다.

넷째 서킷 : 열여섯 장의 연꽃잎

주요만뜨라와 같이 연꽃잎 위의 열여섯 신들에게 기원한다. 뿌리만뜨라에 이어 넷째 (cathurtha) 서킷의 신cathuravaranarchanam이 포함된다.

다섯째 서킷 : 열여섯개의 연꽃잎 바깥에서 주요 만뜨라를 가진 여덟 마뜨리까 샥띠에 기원드린다.

뿌리만뜨라에 이어 다섯째(panca) 서킷의 여신Pancavaranarchanam이 포함된다.

여섯째 서킷 : 사각형의 안쪽에서 주요 만뜨라를 가진 신들에게 기원드린다.

주요 만뜨라에 이어 뿌리만뜨라와 각 이름 뒤에 여섯째(sasha) 서킷의 신Sasthavaranarchanam이 포함된다.

일곱째 서킷 : T자 모양의 입구를 가진 사각형 위의 여덟 지점

각각의 씨앗 만뜨라를 통해 천장과 바닥, 그리고 공간의 여덟 지배자인 신들에게 기원된다.

각 신들의 언급 후에 주요 만뜨라에 이어서, 끝으로 뿌리 만뜨라에 일곱째(sapta) 서킷의 신들saptavaranarchanam이 포함된다.

여덟째 서킷 : 사각 테두리의 바깥 여덟 지점

얀뜨라의 신성한 공간을 지키는 구역의 신들의 각 표식들을 호명하여 기원된다. 이러한 상징들은 전 우주를 넘어서 고귀함을 펼치는 힘과 강인함을 상징한다.

주요 만뜨라에 이어서, 끝으로 뿌리 만뜨라에 여덟째(asta) 서킷의 신들astamavaranarchanam이 포함된다.

아홉째 서킷 : 빈두로 환원 = 소멸

아바라나 뿌자의 정점은 아홉째 서킷에 도달한다. 수행자는 우주가 얀뜨라의 중심으로 환원될 때, 의례의 흐름을 역전시키며 주요 만뜨라에 이어서 빈두 주변의 보호 신격들에게 기원한다.

마지막 공양은 뿌리 만뜨라의 음송과 공양된 등불의 움직임, 향수, 한줌의 꽃을 가지고 세 번씩 반복되며 진행된다. 아홉째(nava) 서킷의 신들navavaranarchanam로 마무리 된다. 요니 무드라의 수인과 함께 여신에게 은총을 내리도록 간청한다.

다음, 헌신자는 일정한 시간에 특정한 횟수의 만뜨라를 반복하는 자파(japa)를 수행할 것이다. 남인도에서는 슈리 비디야의 신비한 만뜨라를 반복하거나 여신(Lalitasahasranama)의 천 가지 이름을 반복하는 것이 아직 일반적이다. 미묘한 몸 짜끄라(내적 얀뜨라)에 대한 수행자의 명상으로 이어진다. 뿌자의 마지막에 얀뜨라는 숭배의 기간 동안 그려진 얀뜨라는 지워지게 될 것이다. 수행자는 얀뜨라 위에 공양된 주홍색 풀을 가지고 그의 눈썹 사이에 점을 찍기 위해 그의 가운데 손가락을 사용할 것이다.

비사르자나(Visarjana)

뿌자가 끝나면, 얀뜨라는 비사르자나―근원적인 최초의 완성(또는 원형적 공간, 샥띠, 브라흐만 등의 궁극적인 지고의 존재를 가리키는 데 사용되는 어떠한 용어)으로 얀뜨라의 소멸됨―로 알려진 의례를 통해 상징적으로 버려진다. 수인(일반적으로 요니-무드라yoni-mudra)을 이용하고 적절한 만뜨라를 음송함으로써, 수행자는 얀뜨라에 포함된 신을 보낸다. 몇 가지 형태의 비사르자나에서 쁘라나쁘라띠스타 의례로 처음 안치되었던 신은 얀뜨라로부터 꽃 향기를 맡거나 숨을 들이쉬는 것으로 수행자의 심장으로 다시 소환된다. 비사르자나 의례는 얀뜨라의 존재 상태를 되돌린다. 그래서 처음 의례식의 시작에서처럼 성스러워진 신의 원형을 다이아그램 상태로 환원시킨다.

얀뜨라 의례는 '대우주의 소우주적 법칙'에 따른다. 의례적 숭배의 모든 역학은 우주적 시간의 주기적 역학과 비슷하다. 인도 전통에서 창조, 유지, 소멸의 세 가지 측면으로 나누어지는 '우주적 시간'의 합일체는 일상의 숭배에서 '의례적 시간'과 완벽하게 동일함을 증명할 수 있다. 얀뜨라 의례식의 세 가지 측면 쁘라나쁘라띠스타(신성화), 뿌자(숭배), 비사르자나(의례적 분리)는 우주발생(cosmogony)으로서 우주의 창조, 유지, 소멸의 전통적 상징을 되풀이한다.

우주	얀뜨라	수행자
창조	쁘라나쁘라띠스타(Pranapratistha) =의례적 탄생	입문=의례적 탄생
보존	뿌자(puja) 혹은 숭배	수행(Sadhana)
소멸	비사르자나(visarjana)	대우주와 함께 소우주적 참나의 동일시

뿐만 아니라, 세가지 우주발생적 모티브는 세 가지 차원에서 반복된다. 우선 얀뜨라의 시각적 모티브 차원, 그리고 우주와 상징이 합쳐진 새로운 정체성 상태를 얻는 수행자의 차원, 즉 얀뜨라 이론과 실제에서 수행자가 입문을 하는 순간부터 시작되는 과정, 마지막으로 존재론적 차원에서 반복된다.

따라서 상징이 신체에 동화되고 신체가 우주에 동화되어 우주적 합일의 서킷을 형성하면, 정신, 상징, 우주가 단일한 정체성으로 집결된다.

의례를 통한 우주와 상징, 정신의 동일시

5. 얀뜨라의 역학 : 명상

의례는 영적 수행의 초기 도입 단계이지만 핵심도 아니며 가장 중요한 요소도 아니다. 외면적 숭배는 의식의 거친 수준에서 미묘한 수준으로 나아가는 영적 개화의 단계를 통해 수행자를 이끄는 내적 형태의 묵상 방법을 제공한다. 이 단계를 넘어갈 때, 숭배의 특징은 더욱 더 미묘한 명상의 형태를 띠고, 수행자가 사용하는 시각적 보조물은 더욱 더 단순해진다. 얀뜨라 명상의 초기 단계에서, 수행자는 신의 도상적 이미지를 시각화하기 위해 얀뜨라를 사용할 수 있다. 최상위 단계에서, 얀뜨라는 상상속의 빈두로 압축된다. 마지막 단계에서 근원적인 점인 빈두는 사라지고 수행자와 주시 대상은 하나가 된다. 사람, 상징, 우주가 하나 되는 최고점에 이를 때까지, 점차 미묘해지는 상징의 내면화는 얀뜨라의 역학에 의해 뒷받침된다.

얀뜨라의 명상은 종종 요가 명상의 고전적 기술과 결합된다. 이는 수행자가 집중과 맑은 정신 상태를 만들기 위해 정신적 인상, 지각, 기억의 혼합 등으로 인한 혼란을 인식하여 자신의 마음을 완벽하게 통제하는 것으로부터 시작한다. 고전 요가의 창시자인 파탄잘리(Patanjali, 기원전 200)는 집중(ekagrata)의 정신상태를 얻기 위한 보조물이나 일점 집중(single-pointed concentration)으로서 외면적 상징의 중요성을 인식했다. 집중은 어떤 신격의 형상이나 상징에 마음을 고정함으로 얻을 수 있을지도 모른다. 대상이 '극미한 것에서 무한히 거대

한 것'까지 어떤 크기가 될 수 있다고 했다.[1]

우리의 정신적 흐름을 통제하기 위해 어떤 대칭적 형상에 초점을 맞출 때, 우리의 주의는 상징에 고정된다. 얀뜨라 또한 의식의 중심을 위한 강력한 도구로 활용되지만, 얀뜨라 명상은 표면적으로는 이해되지 않을 수 있다. 반면 진정한 얀뜨라 명상은 활발한 정신 상태를 자아내고 상징적 계시에 대한 무한한 수용성으로 인도한다. 요가 수행자가 전통적 수련을 완수하고 요가 자세(아사나)로 신체를 활성화 시키고 일정한 리듬(쁘라나야마)으로 숨을 고를 때, 얀뜨라 명상이 시작된다.

신성 명상(Deity meditation)

어떤 명상의 경우, 도상적 이미지와 얀뜨라가 동시에 명상에 이용된다. 신 devata의 도상적 이미지는 마음속으로 형상화하는 동안 점진적으로 만들어진다. 여신 Triputa(슈리 얀뜨라에서 숭배되는 여신 Tripura의 별칭)에게 봉헌되는 시는 마음속으로 형상화하는 행위의 가치로움을 보여준다.

연꽃안의 여신과 연꽃안에 있는 얀뜨라의 두개의 각위에서 명상하라. 그녀의 광채는 금이다.

그녀의 귀에는 귀걸이가 있고, 세 개의 눈과 아름다운 목소리, 그녀의 얼굴은 달과 같으며

보석과 다이아몬드로 치장된 그녀의 많은 팔안에 두 연꽃과 하나의 올무, 활, 황금, 가축을 모는 막대, 꽃봉우리의 화살을 잡고 있다.

그녀의 몸은 위대한 보석으로 장식되고 아름다운 허리띠와 허리는 가늘다.

그의 앞에 자리한 얀뜨라위에 그녀에게 집중하는 긴 시간을 가지는 수행자는 위대한 헌신의 마음으로 여신을 기꺼이 맞이한다.

스봐얌부(Svayambhu) 꽃으로 여신을 숭배하는 것은 삶의 네가지 면에서 모두 성공을 얻는 것이다....[2]

보다 정교해진 명상의 상태에서 숙련된 수행자는 얀뜨라의 연속되는 각 영역에서 데바타를 명상할 수 있다. 쁘라나쁘라띠스타(pranapratistha) 의례를 통해 얀뜨라를 신성하게 한 후, 수행자는 동쪽 문에서 얀뜨라의 외곽에 주의를 집중함으로 명상을 시작한다. 다이어그램의 기하학적 대칭은 빈두를 향해 주의를 기울이도록 돕는다. 서킷에 배치된 신격의 상징체계(심볼리즘)를 수용하여 수행자는 얀뜨라의 형상을 내면화하고 명상을 추구한다. 이 신들은 그가 명상적 경험을 통해 억제하거나 정복하거나 변형하거나 내면화해야 하는 수행자 내면에서 활동하는 힘의 상징으로 볼 수 있다. 신들의 형이상학적 실상 뒤에 정신적 경험의 재료, 의식과 무의식의 힘의 실제, 정신적 사실의 실재가 놓인다. 복잡한 도상의 구조를 통해 경험된 실재는 감정과 사고의 실재다. 각 신들은 정신적 상태의 구체화 또는 사고-유형으로 간주될 수 있다. 높은 통찰력 수준에서 수행자는 신들이 자신의 정신적 능력을 방사하고 자신의 존재를 드러내는 것으로 여긴다.

마찬가지로 수행자 안에 내재하는 신은 신체적 존재의 측면으로 의인화된다. 얀뜨라의 각 부분은 신체의 부분과 감각 기능과 대응되어 있다.

사람과 소우주(microcosm), 세계와 대우주는 상호 연관되어 있으므로, 우주의 도식 즉, 미묘한 몸과 얀뜨라 사이에 근원적 관련성이 존재한다. 이러한 명상을 할 경우, 외면적 얀뜨라는 내적 얀뜨라로 변형된다. 정신과 우주의 관련성에 활력을 불어 넣음으로, 수행자는 영적 상승이나 변화를 만들기 시작할 수 있다. 그러므로 우주의 상징뿐 아니라 정신-우주(인간/세계)가 통합된 상징으로 얀뜨라를 조망하는 것이 중요하다.

명상을 위한 얀뜨라에 물질로부터 조대한 것에서 미세한 것까지 점진적인 단계가 잘 나타난다. 폐쇄된 다양한 기하학적 형태의 중심을 가진 원(mandala)은 수행자의 의식 수준에 상응한다. 각각의 영역은 성스러운 장소(sanctum sanctorum)에 대한 존재의 상승, 통과 과정(pandani), 안정 상태(dhamani)이다.

각 얀뜨라의 많은 유형은 구전으로 전해지고 딴뜨라 경전에 요약되어 있는데 상당히 다양하다. 슈리 얀뜨라의 경우 9와 관련된 숫자상징을 가진다.

각 성역에서 특수한 신격이 기원되고, 각 서킷은 신들의 군집 또는 여신들의 집단을 유지하는 우주적 형태로서 간주된다(3장 참조). 각 신들의 군집이 가지는 힘과 조화는 중심에 위치한 신과 관련된다. 신-무리는 얀뜨라의 가장 내적인 본질을 감추는 베일과도 같다. 수행자가 얀뜨라 명상법의 규정에 따라 모든 신들을 초대한 후, 모든 신들의 무리가 융합되어 얀뜨라의 중심에 있는 신으로 흡수되는 의식 수준에 도달하게 된다. 점진적으로, 이 중심에 있는 신이 사라지고 영적 의식의 중심, 얀뜨라의 빈두, 수행자의 눈썹 사이에 있는 정신적 정점으로 융합된다.

빈두는 모든 방향과 모든 수준을 융합한 것으로, 모든 것이 귀결되는 지점이기도 하다. 요가 수행자는 그 자신의 잠재의식적 힘인 얀뜨라의 외곽에 위치한 네개의 문을 지나서 우주의 영구적 요소와 재결합하기 위해 여러겹의 서킷을 통과한다. 이러한 궁극적 합일 상태는 수행자가 정수리에 위치한 왕관의 자리로 올라 영적-꽃, 수천 개의 잎을 가진 연꽃을 경험할 때 비로소 성취된다.

　명상으로 인해 생겨나는 자각은 정신의 최고점, 즉 요가의 삼매(samadhi)에 이른다. 이는 정신적 동요로부터 자유로운 영적 연속체의 상태이다. 그리고 외부의 상징과 인간 내면 정신의 완벽한 합일이다. 얀뜨라의 주변에서 중심까지의 여정은 아주 작은 거리지만, 심리적으로 빈두에 의해 제시되는 근원적 원천으로 전환은 한 생애 동안 오랜 훈련을 필요로 하는 광대한 정신적 거리를 갖게 한다.

슈리 얀뜨라와 정신-우주적 일치
(Sri yantra and psycho-cosmic identities)

　물질적 존재의 단계에서 궁극적 개화까지의 사람의 영적 여정은 가장 위대한 얀뜨라인 슈리 얀뜨라에 그려진다. 우리는 우파 딴뜨라인 샴마야(samaya)파의 경전인 바반노파니샤드Bhavanopanisad에서 명상의 연속적 여정을 발견한다. 영적 여정은 제한된 존재를 넘어 중심으로 상승하는 순례이다. 모든 단계는 목적지 중심에 가까이 있다. 존재의 합일에 반드시 도달할 것이라는 긍정이다. 전통적으로 그런 여정은 9단계로 그려지고 각 단계는 얀뜨라로 구성되는 9개의 원주(서킷) 중 하나와 상응한다.

1. 첫째 서킷 Trailokyamohana chakra

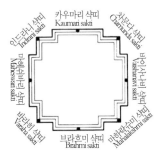

바깥의 사각형에서 시작해서 내부로 향하는 9개의 서킷은 그 특성과 관련된 특별한 이름을 지닌다. 첫째 서킷(Trailokyamohana chakra)는 '세 개의 세계를 매혹한다'를 의미한다. 둘째(Sarvasaparipuraka chakra)는 '모든 기대를 충족시킨다' 를 의미한다. 셋째(Sarvasankshobana chakra)는 '모든 것을 움직인다' 를 의미한다. 넷째 (Sarvasaubhagy-adayaka chakra)는 '우수함을 준다' 를 의미한다. 다섯째(Sarvarthasadhaka chakra)는 '모든 것의 성취자' 를 의미한다. 여섯째(Savaraksakara chakra)는 '모든 것을 막아낸다' 를 의미한다. 일곱째(Sarvarogahara chakra)는 '모든 질병을 치유하다' 를 의미한다. 여덟째(Sarvasiddhiprada chakra)는 '모든 완성을 준다' 를 의미한다. 아홉째(Sarvanandamaya chakra)는 '행복으로 충만하다' 를 의미한다.

슈리 얀뜨라의 외곽 사각형에서, 수행자는 화, 두려움, 갈망 등과 같은 혼란을 극복하기 위해서 이러한 것들을 묵상한다.[3] 마음의 장애물인 여덟 가지 정신적인 경향성은 바깥 면의 두 번째 선에서 여덟 개의 마뜨리까 샥띠 (Matrika Śakti)에게 기원드린다. 그들은 얀뜨라의 네개의 '문'에 위치하여 사각띠(bhupura)안에서 기원드려진다. 일반적으로 그들은 감각-활동과 에고의 갈망을 통해서 세계를 경험하는 것이다. 그러므로 첫 번째 마뜨리까 샥띠인 브라흐미(Brahmi)는 우리가 덧없는 기쁨을 추구하게 하는 욕망과 열정과 관련

있다. 바이사나비(Vaishanavi)는 우리를 유혹하고 분별력을 잃게 한다. 바라히 (Varahi)는 완고함과 그릇된 자만심의 상징이다. 질투심의 인드라니(Indrani), 세 속적인 보상(報償)의 차문다(Chamunda), 마지막으로 결핍과 비난의 상징인 마하 락슈미(Mahalakshmi)가 있다.

사각형의 세 번째 선에 있는 마뜨리까 샥띠는 미묘한 몸(미세신)의 짜끄 라를 나타내는 무드라 샥띠(Mudra Śakti)를 관장한다[4]

우리가 몸을 통해서 세계를 경험하기 때문에, 우리의 싫고 좋은 감정, 느 낌, 반응은 우리의 감각을 통해 경험된다.

2. 둘째 서킷 Sarvasaparipuraka chakra

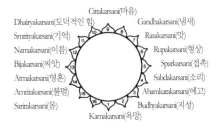

3. 셋째 서킷 Sarvasankshobana chakra

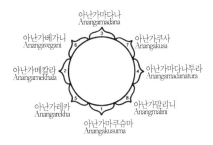

우리의 신체적 존재는 다섯 가지 원소(땅, 물, 불, 공기, 에테르), 열 가지 감각기관(귀, 피부, 눈, 혀, 코, 입, 발, 손, 팔, 성기), 그리고 항상 흔들리는 마음을 포함하여 열여섯 가지 요소로 구성된다. 이 열여섯 가지 요소들은 슈리 얀뜨라 연꽃의 열여섯 개의 잎과 관련된다. 각각의 잎은 감각-지각을 자극하는 유혹의 신에 의해 관장된다. 그것은 우리가 우리 자신에게 심취되어 넋이 나가게 한다.

우리의 존재를 가리고 영적 시야를 가리는 열여섯 가지 '유혹'은 지식에 접근하지 못하게 하고 생명의 순환을 단절시키기 위해 우리를 속박한다. '유혹'은 그릇된 지식의 단계에서 우리의 의식을 비추기 때문에, 이 샥띠는 영적 여정의 시작에서 주의깊게 고려되어야 한다.

여덟 개의 연꽃잎으로 된 셋째 서킷은 수용, 무관심, 거부의 세 가지 태도와 언어, 탐욕, 운동력, 배출과 쾌락을 지배한다. 이 꽃잎들도 샥띠에 의해 관장된다.

육체적 자아의 한계를 초월한 후에, 명상은 미묘한 몸의 이해에 도달해야 한다. 신체적 껍질로부터 그는 몸-우주의 생명 에너지와 에테르 통로, 즉 미묘한 신경으로 표현되는 정신적 자아로 들어가야 한다. 따라서 슈리 얀뜨라의 4, 5, 6번째 서킷은 미묘한 신경, 미묘한 신체의 생명력을 통제하는 생명 에너지(prana)의 변형을 상징적으로 설명한다.

4. 넷째 서킷 Sarvasaubhagy-adayaka chakra

Sarvasankari(Gandhari=좌측 발목)
Sarvaranjani(Pusa=좌측 대퇴부)
Sarvanmadini(Sankhini=좌측 옆구리)
Sarvarthasadhani(Saraswati=좌측 어깨)
Sarvasampattipurani(Ida=좌측뺨)
Sarvamantramayi(Pingala=이마의 좌측면)
Sarvadvandvaksayamkari(Sushumna=이미의 뒤)
Sarvasankshobhini(Alambusa=이마 중앙)
Sarvajrmbhini(Bayasvini=우측발목)
Sarvastambhini(Yasovati=우측대퇴부)
Sarvasammohini(Hastijihva=우측 옆구리)
Sarvahladini(Varuni=우측어깨)
Sarvakarsini(Visvodara=우측뺨)
Sarvavidravini(Kuhu=이마의 오른쪽면)

5. 다섯째 서킷 Sarvarthasadhaka chakra

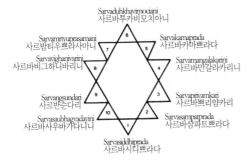

열네 개 삼각형 모양을 한 네 번째 서킷은 미묘한 신체에 있는 열네개의 에테르 신경에 대응한다. 여섯 개는 신체의 복사뼈에서 시작해 오른쪽 어깨, 뺨을 통해 움직이고, 결국 이마에서 만나는 신체의 우측을 통해 나아간다. 네 개는 미묘한 몸의 축을 따라 왼편에 있다. 열 개의 삼각형을 가진 다섯 번째 서킷은 쁘라나라 불리는 역동적인 생기(마음과 몸 사이의 본질적 연결고리)를 보여준다. 삼각형은 개인의 미묘한 몸에서 우주의 쁘라나 에너지의 열 가지 기능을 나타낸다. 다섯 가지 생명력 있는 흐름(Prana- 몸에 있는 생기를 일으킨다, Apana- 생기를 구축한다, Vyana- 에너지를 분배하고 순환한다, Samana- 소화를 통제한다, Udana- 순환을 통제한다), 다섯 가지의 중간적 흐름(Naga, Kurma, Krkara, Devadatta, Dhananjaya)은 그것들을 반영한다.

열 개의 삼각형이 있는 여섯 번째 서킷은 쁘라나 에너지의 열 가지 기능과 음식의 소화를 관장하는 불(digestive fire)을 포함하는 열 가지 유형 사이의 상호작용과 관련 있고 이것들은 신에 의해 주제된다. 에너지 중심을 통한 쁘라나의 운동은 기본적으로 중요하다.

157

6. 여섯째 서킷 Sarvaraksakara chakra

7. 일곱째 서킷 Sarvarogahara chakra

8. 여덟째 서킷 Sarvasiddhiprada chakra

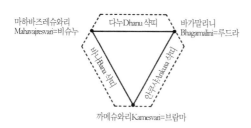

정신적 스펙트럼의 의식적 체험은 슈리 얀뜨라의 내부의 영역으로 이동할수록 점점 더 미묘해진다. 여덟 개의 삼각형으로 이루어진 일곱 번째 서킷(Sarvarogahara)는 물질적 본성의 세 가지 구성 원리를 나타낸다. 사뜨바(Sattva)는 순수와 지성과 관련되고, 라자스(rajas)는 창조를 촉진하는 에너지를 의미하며, 타마스(tamas)는 물질의 활발하지 않은 상태와 같다. 이 세 가지 특징들은 개인마다 다양하게 존재하고 가시화된다. 사트바는 순수, 평온, 마음의 평정으로 표현된다. 라자스는 열정, 에고이즘, 불안함으로 표현되고, 타마스는 모든 변화에 대한 저항과 연관된다. 헌신자는 이 특성을 행위나 사유를 통해 승화시킬 수 있다. 이상적으로, 열정적이고 헌신적인 수행자는 라자스와 타마스를 초월해 진정한 본성인 사트바 요소를 촉진할 수 있다. 하지만 궁극적으로 최상의 본질이 모든 것을 초월하기 때문에, 그는 사트바 요소마저도 극복하기 위해 노력할 것이다. 기쁨과 고통, 추위와 열기 같은 양극의 두 부류를 나타내는 서킷의 다섯 개의 삼각형은 행동을 결정하는 개인의 의지나 능력을 암시한다. 수행자의 단호한 결심은 정신적 활동의 끊임없는 변화에 균형을 맞추기 위해 마음을 안내한다. 영적으로 상승하는 때 수행자는 스스로의 감각 활동을 이해한 후 자신의 마음을 통제하기 시작한다. 유동적이고 내부와 외부 세계 간의 지속적인 교류 상태에 있는 개인으로서, 수행자는 실존적 현실로부터 감각에 대한 전형적인 상징—활, 올가미, 화살—을 고찰한다. 이것이 얀뜨라에 새겨지는 일은 드물지만, 항상 이 상징들은 최종적 합일을 위해 넘어야 할 과정으로 근원적 삼각형 주변에 시각화된다.

정신적 동요는 세계와 접촉하는 마음에 의해서 일어난다. 그러므로 외부 자극에 대한 감각의 애착을 가지고, 화로 인해서 자극을 받고, 심리적 삶의 오르락 내리락하는 동요를 통과할 수 없는 혼란스러운 정신을 활과 올가미로 상징적으로 시각화된다. 그리고 다섯 개의 화살은 다섯 가지의 거친 신체적 몸과 우리의 감각을 미혹시키고 충족시킬 수 없는 다섯 개의 미묘한 원소를 상징한다.

명상이 가장 내부에 있는 삼각형에 근접하면, 극적인 변화는 비어있는 중심으로 샥띠 무리가 사라진다. 초기 단계의 무수한 샥띠는 존재의 세 가지 원리로 줄어들게 된다. 창조의 드러나지 않는 원리(Avyakta), 힘의 우주적 원리(mahat), 자아-형성의 원리(Ahamkara)는 수행자가 외적 본성의 구별성과 다양성을 인지하는 것을 통해서 주체와 객체의 경험이 증가한다.

9. 아홉째 서킷 Sarvanandamaya chakra

●

슈리 랄리따 Sri Lalita = 모든이의 가장 깊은 곳에 있는 참나

아홉 번째 짜끄라인 빈두는 마지막 해방의 상징이다. 그것은 실제의 절정이고 의식의 가장 내부의 중심으로서 위대한 여신 랄리따(Lalita)가 거주하는 곳을 나타낸다. 랄리따의 신비한 실존은 존재의 깊은 곳에서 경험된다. 빈두는 영적 순례의 끝이 된다. 외적 삶이 끝나는 곳이며, 내적 삶이 시작하는 곳이다. 아무런 모양도 형태도 없고 모든 것은 텅빈 공(空) 속에 있다.

슈리 얀뜨라의 아홉개의 샥띠는 최초의 전체로부터 인간을 분리하는 아홉 단계이고, 아홉 단계는 그를 영적 진화의 원리로 이끌 수 있다. 정신적으로 고양된 상태가 가장 높은 단계에 이를 때, 얀뜨라는 내면화 된다. 그것은 정신적 복합체가 된다. 얀뜨라에서 밝혀진 우주의 진실은 얀뜨라가 그 자신을 밝힌 수행자이고 그의 몸은 얀뜨라 자체가 된다.

다른 명상의 경우, 수행자는 슈리 얀뜨라를 통해 전개와 쇠퇴를 경험한

62. 모든 딴뜨라적 얀뜨라 중 가장 존귀한 슈리 얀뜨라. 우주의 신비한 구성을 나타내는 슈리 얀뜨라는 남성원리를 상징하는 네 개의 정삼각형과 여성원리를 상징하는 다섯 개의 역삼각형들이 서로 교차하여 구성한다. 그러므로 수행자는 우주와 합일에 대한 궁극적 실현을 위해 그 상징을 내면화해야 한다.

63. 삼각형의 형태를 지닌 샥띠 여신은 세 가지 세상을 가져온다(jnarnava, 10장). 근원적 삼각형 즉, 요니의 세 개의 면은 우주 창조 매트릭스로서 물질적 자연을 구성하는 세 가지 특질을 의미한다. 흰색으로 샤뜨바, 동적 특성으로 라자스는 붉은색, 무겁고 하강하는 성질로서 타마스는 검은색으로 보인다. 라자스탄, 17세기경. 종이 위에 구아슈 물감

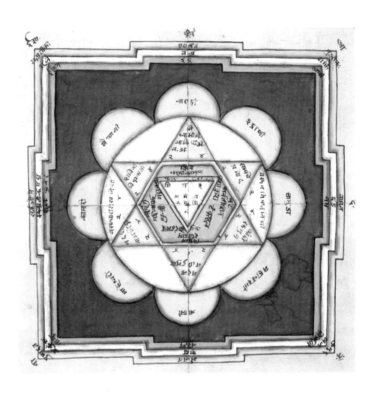

64. 샥띠에게 봉헌된 얀뜨라, 명상을 위해 사용된다. 라자스탄, 18세기경, 종이 위에 구아슈 물감

65. 슈리 얀뜨라는 전기적 진동으로도 창조된다. 소리를 시각적으로 전환한 실험. 유사한 경험이 얀뜨라 패턴이
비물질화 될 때 의례적 봉헌 동안 지각된다. 언어로 표현된 만뜨라의 진동장 또는 소리 패턴의 분해에서 나타난
다. 로날드 나메스Ronald Nameth의 사진에서 발췌

다. 깊이 집중할 때 수행자는 중심에서부터 슈리 얀뜨라의 완전한 이미지를 만든다. 전체의 이미지가 시각화된 후에, 그는 얀뜨라 형태의 가장 외부로부터 명상하기 시작한다. 안으로 옮기면서, 아홉 번째 쉬바-샥띠 삼각형으로 투영된 모든 우주적 원리의 '소멸'안으로 상징적으로 쇠퇴하여 들어간다. 그러한 명상에서, 수행자는 의식을 깨끗하게 하는 행동으로서 상승과 하강의 모든 극적인 상황을 통해 살아간다. 다시 태어나기 위한 입문적인 죽음에 귀의하기를 요구받는다. 그가 추구하던 일체성을 얻었을 때, 얀뜨라의 확장된 우주는 상징적으로 빈두 안에서 사라진다. 그것은 텅빔(空)으로 사라진다.

몸 얀뜨라(The body yantra) : 꾼달리니 명상(Kundalini dhyana)

딴뜨라에서 인간의 신체는 고유의 역할을 수행하고, 모든 얀뜨라 중 가장 완벽하고 강력한 것으로 간주된다. 실존에 대한 외면이나 삶과의 관계를 단절하는 냉혹한 고행이 아니라, 존재를 우리의 실존으로 결집하는 것을 의미한다. 이러한 결집은 신체를 우주화하고, 요가 의례를 통해 신체를 단련함으로써 내적 각성을 위한 '도구'로 취급된다. 의식을 일깨우고 잠재된 미묘한 에너지를 활성화시킴으로써 이루어진다. 그러나 인간과 그의 신체가 우주화된 서킷과 강력한 영적 수단으로 여겨지고 선택되지 않는다면 불가능할 것이다.

베다의 초기 담론에서, 대우주와 창조자는 인간의 말로 착상되었다. 리그베다(Rig veda)에서 푸루샤 숙따(Purusha Sukta) 찬가는 우주적 인간의 일부로부터 실재가 나타난 것으로 세계를 묘사한다. '눈에서 태양, 마음으로부터 달, 입에서 인드라(Indra)와 불(Agni), 호흡에서 바람, 배꼽에서 공기, 머리에서 하늘, 발에서 땅이 나타났다.[5]

후기의 저술에서, 세계와 우주적 인간 사이의 유사성뿐 아니라 원소들과 인간적 기능 간의 관계가 강조된다. 아이타레야(Aitareya I)에 따르면 다음과 같은 시각적 용어로 설명된다. 불은 언어가 되어 인간의 입 속으로 들어가고, 마음은 호흡이 되어 그의 코로 들어가고, 태양은 그의 눈의 시야가 되고, 하늘의 4분의 1은 귀의 청력이 되고, 풀과 나무는 피부의 머리카락이 되고 달은 가슴 속의 마음이 된다.[6]

인간은 우연적인 진화의 산물이 아니라, 창조의 근원적인 합일을 표현하는 신성한 의식의 연장선상에 있다. 우주와 마찬가지로 그의 삶은 목적에 구속된다. 그의 생물학적 리듬은 행성의 현상에 의해 드러난다. 인간의 외부적 세계와 내부적 세계는 같은 '재료'로 형성되었고, 상호 조건화된 유사성의 분리될 수 없는 망에 의해 연관되어 있다. 그리고 그것은 종종 인간 신체의 용어로 표현된다.

딴뜨라에서 인간과 우주와의 관계가 꺼꾸로 되어서, 인간 자신은 우주가 되었다. 우주 질서에서 인간 자신의 중요성과 의미가 높이 고양된다. 인간과 그의 신체가, 영원한 가치안에 그의 기본적 능력이 변형 가능한 무한한 힘의 도구(얀뜨라)로 보여진다. 신의 영역에서 인간의 영역으로 힘이 이동된 것으로 여겨진다. 게다가, 그의 신체는 완전한 우주를 압축한 것으로 보여진다.

당신의 몸은 메루Meru산이다.
일곱 대륙에의해 둘러싸여 있다.

강과 바다, 산, 평원 그리고 신의 들판도 그곳에 있다.

성자는 몸 안에서 수행자와 순례자의 거주지를 본다.

그것을 넘어서는 신이 주재하고 있다.

달과 함께 태양과 행성들, 별들이 그곳에 있다.

그곳에 역시 창조하고 파괴하는 두 개의 우주적 힘이 있다.

그리고 에테르, 공기, 불, 물, 땅의 다섯 원소가 있다.

몸 안에 세 가지 세상에 존재하는 모든 것이 있다.

이것을 아는 자는 진정한 요기가 되는 것이다.[7]

미묘한 몸 짜끄라

인간의 신체와 우주의 상호 대응을 설명하기 위해서, 딴뜨라는 인간의 정신-몸 구조를 반영한 무한한 시공간 세계를 가진 정신적 교차점(crosspoints) 시스템을 만들어왔다. 딴뜨라에 따르면 우주는 실재 일곱 단계로 구성된다. 그리고 이 체계는 인간의 신체에서 보이지 않는 얀뜨라로서 기능을 하는 정신적 원반모양으로 표현된다.

힌두 전통에서 미묘한 몸의 일곱 가지 주요한 힘의 지점은 꾼달리니(Kundalini) 요가에서는 내적인 명상적 경험을 위한 얀뜨라로 기능한다. 얀뜨라는 바퀴(짜끄라들), 꽃잎과 같은 기하학적인 모양으로 시각화되고, 대략 척추와 뇌에 상응하는 미세한 몸의 슈슘나(Sushumna)의 수평축에 위치한다. 완전한 정신-우주를 포함하기 때문에, 각각은 소리 진동, 요인, 색깔, 신(devata), 혹은 동물 상징과 관련된다.[8]

미묘한 몸의 짜끄라	연꽃잎의 숫자	연합된 요소 또는 속성	우주적 범주 또는tattva	씨앗 만뜨라와 동물 상징	남성신격	여성에너지	우주의 상승 단계
머리위의 사하스라라	1000	지복의 거주지 sat cit ananda				Parasiva	Satya-loka
눈썹사이의 아갸	2	마음(manas)	Mahat = 최고의 원리	Om	Sambu	Hakini	Tapo-loka
목 센터의 비슛다	16	에테르 듣기를 활성화 하는 공간	인지기관:귀 활동기관:입	Ham 백색코끼리	Sadasiva	Sakini	Jana-loka
가슴 센터의 아나하따	12	공기 촉감을 활성 시키는 운동	인지기관:피부 활동기관:성기	Yam 영양	Isa	Kakini	Mahar-loka
배꼽센터의 마니뿌라	10	불 시각을 활성화 시키는 확장	인지기관:눈 활동기관:항문	Ram 숫양	Rudra	Rakini	Svar-loka
배꼽 아래의 스와디스따나	6	물 맛을 보는 수축 기관	인지기관:혀 활동기관:손	Vam makara (신비한 악어)	Vishnu	Rakini	Bhuvar-loka
척추기저의 물라다라	4	땅 냄새를 활성화 시키는 연결	인지기관:코 활동기관:발	Lam airavata (코끼리)	Brahma	Dakini	Bhur-loka

뿌리(Muladhara) 짜끄라로 알려진 첫 번째 짜끄라는 척추의 기저에 놓이고, 정신적 본체의 에너지의 위치이다. 이것의 상징은 역삼각형이 있는 사각형이다. 얀뜨라의 중앙에는 잠재된 소우주의 에너지, 꾼달리니 여신의 뱀-상징이 있다. 뱀은 링가 상징의 주위를 감은 것으로 표현된다. 물라다라 짜끄라는 땅에 지배를 받고 씨앗 만뜨라는 Lam이다.

두 번째, 스와디스따나Savadishthana 짜끄라는 생식기 뒤에 놓이고 주홍빛이다. 그리고 그것의 모양은 하얀색 초승달을 포함하고 여섯 개의 꽃잎으로 둘러싸여 있다. 중앙에는 물의 만뜨라, Vam이 새겨져 있다.

세 번째, 마니뿌라Manipura 짜끄라는 배꼽 중앙에 있고 불에 지배를 받는다. 그것은 열개의 꽃잎으로 시각화된다. 꽃잎 안에는 세 개의 만자(卍字) 표기(T-모양)와 빨간색 삼각형이 있다. 이것의 씨앗 만뜨라는 Ram이다.

네 번째, 아나하따Anahaka 짜끄라는 가슴에 위치한다. 그것은 중앙에 별 모양과 열두개의 꽃잎으로 되어있다. 아나하따 짜끄라는 공기 원소의 자리에 있고, 명상 동안 우주의 소리의 주된 묵시자이다. 그것의 씨앗 만뜨라는 Yam이다.

다섯 번째 짜끄라는 비숫다Visuddha 짜끄라로 알려져 있고 목에 위치한다. 그것은 흐린 보라 색상을 띄고, 그것의 상징은 밑으로 향하는 삼각형과 열여섯 개의 꽃잎으로 구성되어 있다. 중앙에는 에테르의 상징이 있고 씨앗 만뜨라는 Ham이고 원으로 나타낸다.

여섯 번째 짜끄라인 아갸Ajna 짜끄라는 미간 사이에 있고, 다양한 수준의 명상을 이끈다. 그것의 상징은 두 개의 꽃잎이 있는 원과 링가 상징을 포함하는 역삼각형이다. 그것의 씨앗 만뜨라는 기본음인 Om이다.

일곱 번째 짜끄라, 사하스라라Sahasrara 짜끄라는 요가 명상의 정상, 절대자(쉬바-샥띠)의 자리를 나타낸다. 그것은 머리의 꼭대기 위의 네 개의 손가락

너비로 측정되고 시각화된다. 그리고 그것은 정신적 광휘로 미묘한 몸을 보여주며 상징적으로 무수한 꽃잎이 새겨져 있다. 사하스라라는 모든 색과 소리를 중화하여 무색으로 표현된다.

이 내적 얀뜨라는 꾼달리니 샥띠의 영적 여정의 단계에 관련된다. 그 에너지는 사하스라라 짜끄라와 조화되기 위한 슈슘나를 통해 상승하기 위해 명상을 통해 자극된다. 그들은 요가 수행의 일곱 단계를 가리키고, 수행자가 우주와의 정신적 통합을 하는 메카니즘을 제공한다. 각각의 내적 짜끄라는 별개로 혹은 외부적 얀뜨라의 도움으로 명상될 지도 모른다. 일반적인 수행에서 각각의 일곱 개의 짜끄라와 외적 얀뜨라의 다양한 서킷과 일치한다. 피라미드 모양의 얀뜨라에서, 각 서킷은 각각의 짜끄라와 일치할 수 있다.

미묘한 몸의 일곱 개 짜끄라에 더해서, 딴뜨라는 미묘한 경로의 넓은 그물망과 내부의 생명력 있는 에너지를 기술한다. 우주의 이중 합일(biunity)은 중앙에서 왼쪽과 오른쪽에 두개의 눈에 보이지 않는 통로, 달로 표현된 여성(Ida)과 태양으로 표현된 남성(Pingala)으로 제시된다. 모든 창조물에 내재된 우주적 힘 샥띠는 꾼달

미묘한 몸의 이중 합일, 동적 원리의 샥띠는 척추의 기저에 위치한다.
정적 원리인 쉬바는 가장 높은 정신적 중심에 위치한다.

리니 여신(쉬바와 샥띠의 에너지의 유력한 원천)으로서 미묘한 몸 내부에 있다. 그녀의 상징, 세 마리의 뱀과 반쪽의 코일은 중앙의 입구를 입으로 막고 있다.

꾼달리니 요가의 기술은 뿌리 짜끄라(muladhara)에 위치한 힘(샥띠)으로 의식을 깨우기 위해 쁘라나를 사용하여, 딴뜨라적 우주를 몸에 흡수하는 것을 통해 일곱 개 짜끄라들에 활력을 불어넣어 미묘한 몸의 중앙 통로인 슈슘나를 오르기 위한 것이다. 꾼달리니 샥띠가 가장 높은 머리 꼭대기의 정신적 중심인 사하스라라(Sahasrara)로 올라가면, 근원적 중심안에서 평온을 다시 찾는다.

진보된 수행자에 의해 실행되는 특별한 방식의 명상에서는 대우주(Brahmanda)와 소우주(Pinda)에 위치한 꾼달리니 사이에 합일을 성취하기 위해 스승의 가르침 아래에서 배운다. 이 밀접한 관계는 짜끄라에 대한 명상을 통해 미묘한 몸과 우주 전체 사이의 대응과 유사성을 찾고 미묘한 몸에 이르게 한다.

딴뜨라에서 영적 노력은 내향성의 과정으로 진행된다. 끊임없는 변화의 혼돈된 외부적 흐름에서 평온의 내부적 상태까지 개인의 여정에 변화를 주는 것이 기본적인 목표이다. 평

미묘한 몸의 일곱 짜끄라와 얀뜨라의 일곱 경계는 상응한다. 미묘한 에너지는 의례와 명상안에서 내면화된다.

슈리 얀뜨라의 3가지 상승 단계(좌)와 몸-우주의 세 가지 상응하는 면(우)

온(nivrtti) 상태를 위한 활동성(pravrtti)의 세계로 전환이 필요하다. 꾼달리니 요가는 딴뜨라의 나타 요가Natha yogis의 실행으로 가능하다. 딴뜨라의 나타 요가는 배꼽위로부터 신체의 윗부분은 쉬바(정지상태)이고, 배꼽 아래는 샥띠(역동성)의 구현이다. 그래서 쉬바를 위한 미묘한 몸의 부분은 머리 꼭대기의 정신적 중앙인 사하스라라 짜끄라고, 샥띠를 위해서는 척추의 근저 물라다라 짜끄라다. 이 두 가지 양극사이에 우주의 확장과 축소가 있다. 나타 요가에 의해 찬양되는 요가의 형태는 쉬바에 흡수되거나 쉬바와 합일된 샥띠의 활동적 흐름을 만드는 것으로 구성된다. 내부적 얀뜨라를 관통하여 상승하는 것처럼 역동적 샥띠와 쉬바의 합일은 긍극적인 원천의 우주적 과정의 지속적인 생성과 쇠퇴를 의미한다. 평범한 삶의 과정이 아래를 향하여 흐르는 반면에, 꾼달리니 샥띠의 역동적 흐름이 위를 향하여 흐름으로 평온의 상태를 만들고 쉬바와 합일하는 나타 딴뜨라 수행자는 퇴행적 과정(ulta-sadhana)에 근거한 정신적/신체적 원리에 따른다. 또한 신체의 생리적인 기능 역시 진보적 '반전'을 경험한다. 예를 들어 정액의 흡수와 성적 에너지의 승화는 꾼달리니 요가에서 위로 상승하는 여정을 통해 반전된다.

꾼달리니 요가에서 모든 명상의 기본적인 원리는 그 에너지가 근본적 근원으로 되돌아가야 한다는 것이다. 미묘한 몸의 거대한 요소는 미묘한 요소들 속에 해체되어야 한다. 거대한 원소(bhutas)의 각각의 부류는 상승하는 순서에 따라 따뜨바(미묘한 원소들)의 다음 부류 안으로 해체된다. 쉬바 상히따(Siva Samhita)는 다음과 같이 설명한다. 땅(Muladhara Chakra)은 희박하게 되고, 물(Manipura Chakra)속에서 용해된다. 물은 불(Svadhishthana)속에서 용해된다. 불은 공기(Anahata Chakra)속으로 합일된다. 공기는 에테르(Visuddha Chkra)속으로 흡수된다. 에테르는 무지(avidya)속으로 녹는다. 그리고 이것은 위대한 브라흐만

(Sahsrara Chakra)으로 합일된다.

일곱 개의 내적 짜끄라는 네 개의 사각문에 에워싸인 연꽃잎이 새겨진 일곱 개의 짜끄라의 상징을 가진 네팔의 얀뜨라와 같은 외적 얀뜨라의 도움으로 명상된다. 하지만 공통적인 실행은 신체에 위치한 짜끄라와 얀뜨라의 서킷을 일치되도록 하는 것이다.

샥띠 숭배를 위해 봉헌된 문헌[9]은 다음과 같이 미묘한 몸의 짜끄라가 슈리 얀뜨라의 아홉 개의 서킷과 관련된다.

슈리 얀뜨라	짜끄라
외곽의 사각형(Trailokyamohana)	Mulhadhara(근원 짜끄라)
열여섯 개의 꽃잎(Sarvasaparipuraka)	Svadhishthana(배꼽 밑의 짜끄라)
여덟 개의 꽃잎(Sarvasankshobana)	Manipura(배꼽 짜끄라)
열네 개의 꽃잎(Sarvasaubhagyadayaka)	Anahata(가슴 짜끄라)
열 개의 각이 있는 모양(Sarvarthasadhaka)	Visuddha(목 짜끄라)
열 개의 각이 있는 모양(Sarvaraksakara)	Ajna(미간 사이의 짜끄라)
여덟 개의 각이 있는 모양(Sarvarogahana)	Brahmarandhra(입천정의 짜끄라)
삼각형(Sarvasiddhiprada)	Brahman(지고자의 짜끄라)
빈두(Sarvanandamaya)	Sahasrara(공간의 짜끄라)

그러므로 슈리 얀뜨라는 미묘한 몸의 복합된 이미지로 보여질 수 있다. 조화의 다른 형태는 미묘한 몸과 슈리 얀뜨라 사이에 그려진다. 예를 들어 대지의 신비한 축인 메루산으로 알려진 삼차원의 입체적인 슈리 얀뜨라 경우 아홉 개의 서킷은 미묘한 몸의 도식에 맞추어지는 세 단계 높이로 나누어진다. 메루의 짜끄라는 세 부분으로 나누어질 수 있다. 혹은 남성 원리의 남근의 표상(linga)을 포함하는 세 개의 짜끄라가 메루 형태의 슈리 얀뜨라의 세 단계 높이에 상응하는 것으로 나타난다. 이 짜끄라는 매듭 또는 결절(granthi)로 불리

슈리 얀뜨라의 메루 형태	짜끄라	신격	링가표상
사각형과 두개의 연꽃잎 원	Muladhara(뿌리)	브람마=창조	Svayambu 링가
열네 개와 스무 개의 각	Anahata(심장)	비슈누=보존	Bana 링가
여덟개의 각, 삼각형, 빈두	Ajna(눈썹)	쉬바=파괴	Itara 링가

상승하는 질서를 나타내는 다섯 원소의 상징; 심리-우주적 통합을 위하여 명상 동안 시각화 된땅, 물, 불, 공기, 에테르

66. 인간의 몸은 모든 얀뜨라중 으뜸으로 여겨 진다. 척추의 축위에 있는 일곱 개의 신체 센터 또는 짜끄라는 명상 동안 연속적으로 활성화된 다. 뿌리 짜끄라인 물라다라로부터 위로 스와디 스따나, 마니뿌라, 아나하따, 비슛다, 아갸 그리 고 사하스라라 짜끄라가 위치한다. 남인도. 18 세기경. 구리위에 도금

고, 수행자의 변화가 일어나는 지점이다. 이는 꾼달리니 요가를 수행하는 동안 극복하기 위 한 욕망과 열정과 관련된다.

짜끄로다야(Chakrodaya)라고 불리는 꾼달 리니 요가의 형태에서 미묘한 몸의 짜끄라 들을 시각화할 때, 카슈미르의 아나보빠야 (Anavopaya)[10]의 수행자는 슈리 얀뜨라를 사용한 다. 호흡을 통제하는 기술은 내적인 순환을 위 해 쁘라나를 끌어내고, 그 다음 뿌리짜끄라에 잠재된 꾼달리니 에너지를 각성시키기 위해 사용된다. 쁘라나-샥띠의 순환은 슈리 얀뜨라 의 전개를 위해 필요하다. 꾼달리니가 가장 높 은 사하스라라 짜끄라에 이를 때, 이 중심은 슈 리 얀뜨라의 빈두와 합쳐진다.

우도 딴뜨라 종파인 삼마야카라(Samayacara) 는 슈리 얀뜨라와 짜끄라들이 결합되는 내면 적인 숭배의 비의적 방식을 옹호한다. 짜끄라

67. 여덟 연꽃잎 위에 배치된 미묘한 몸의 정신적 센터의 관계 상징인 마하비드야 바갈라 묵키Mahavidya Bagala-
mukhi 얀뜨라. 명상 안에서 우주와 몸 얀뜨라의 합일의 궁극적 목적에 도달하기 위한 다이어그램과 같이 연합되
어 움직이는 몸 얀뜨라.네팔, 1761년경. 종이 위에 구아슈 물감

68. 상승하는 질서 안에서 미묘한 몸의 세 가지 짜끄라. 각 짜끄라와 관련된 상징이 그려진 척추의 기저에 위치한
물라다라, 배꼽 아래에 위치한 스와디스따나, 배꼽에 마니뿌라. 꾼달리니 요가 동안 차례로 명상된 이 짜끄라들은
깨달음으로 향한 딴뜨라 수행자의 진보를 나타내는 상징이다. 꾼달리니 샥띠는 정신적 센터의 가장 위에 천 개의
연꽃잎을 가진 사하스라라로 표현되는 쉬바와 최종적으로 합일된다. 네팔, 1761년. 종이 위에 구아슈 물감

69. 빈두 상태의 궁극적 합일인 사하스라라 짜끄라를 경험하고 깨달음을 얻은 수행자. 19세기 경. 종이위에 구아슈 물감

यन्त्रोत्थबिम्बेषु

몸-우주의 원반(disc)은 모든 얀뜨라중의 으뜸이다.
샥따 다르샨Sakta Darshan(15, 1, 30)

에 집중할 때에, 짜끄라가 포함하는 모든 실상은 집중된 상태에 의해 저절로 드러난다.

짜끄라들[11]은 외적 얀뜨라의 도움 없이 집중하기 위한 초점들로 사용될 수 있다. 혹은 신체-만달라(mandala)의 사용과 미묘한 몸의 각 부분과 관련된 도상적 상징에 집중함으로 명상을 수행할 수 있다. 한 요가 문헌은 다음과 같은 명상의 형태를 기술한다.

무릎에서 발까지 땅의 자리이다. 호흡으로 그 부분을 채운 후에, 땅-여신, 노란색, 사각형, 여신의 상징으로서 인드라의 번개불은 다섯 가티카 Ghatikas(2시간)에 반영되어야 한다. 무릎에서 엉덩이 까지 물의 자리이다. 호흡으로 그 부분을 채운 후에, 물, 초승달 모양, 흰색, 그녀의 중심으로서 은(silver)은 열 가티카(4시간)가 반영되어야 한다. 허리에서 엉덩이 까지는 불의 자리이다. 호흡으로 그 부분을 채운 후에, 삼각형, 빨간색, 타오르는 불은 열다섯 가티카(6시간)가 반영되어야 한다. 배꼽에서 코 까지는 공기의 자리이다. 호흡(kumbhaka)으로 그 부분을 채운 후에, 강한 원소인 불, 연기 색, 봉헌물을 올리는 제단 모양은 스무 가티카(8시간)가 반영되어야 한다. 코에서 브라흐만의 굴(머리의 꼭대기)까지는 검정의 에테르의 자리이다. 에테르의 자리에서 거대한 노력으로 호흡을 해야 한다.[12]

다섯 가지 우주의 원소 명상에서, 수행자는 신체의 생명력 에너지를 적합한 부분으로 향하게 하고, 요구되는 시간 동안 호흡을 유지하고, 땅의 사각형, 불의 삼각형, 공기의 별모양, 에테르의 원으로 이루어진 상승하는 순서로 각 원소의 상징에 집중한다. 씨앗 만뜨라를 낭송하고 관장하는 신격을 시각화하여서, 그는 신체 만달라를 통해 신비한 힘에 대한 통찰을 가지며, 원소들을 넘어선 통제력을 얻는다.

내적 얀뜨라

얀뜨라에 대한 명상은 내면적 깨달음, 즉 요가나 의례 혹은 시각적 수단이 동반되지 않는 명상 방법으로 수행될 때, 가장 미묘한 형태를 띤다.

수행의 초기 단계에서, 수행자는 신의 도상적 이미지에 가장 큰 가르침을 얻는다. 이후 얀뜨라의 상징 조차 버리고, 숭배는 점차 추상적이고 미묘하며 내밀하게 된다. 초기 단계에서 간단한 도상적 상징으로 구성된 내적 얀뜨라의 명상이 행해진다. 이 기술은 수행의 모든 단계를 통해 그 미묘한 비밀이 서서히 밝혀지고, 구루의 강력한 가르침 아래 길고 끈기 있는 수련 후에 얻어진다. 문헌[13]은 숭배의 외적 형상 속에서 만들어진 모든 의식적 봉헌은 내적 형상안에서 자연스럽게 존재한다. 그리고 그것은 많은 원서에서 명상적 경험이 '정신적 봉헌'(antaryajna)으로 불리우는 이유이다.[14]

정신적 봉헌의 모든 과정은 딴뜨라의 카울라파의 카울라바리니르나야(kaulavalinirnaya) 경전에 기술되어 있다. 정신과 신체를 청정하게 하는 근원적 의식 후에, 수행자는 깊이 집중해서 하나의 중심을 가진 세개의 원에 둘러싸여 있는 사각 얀뜨라를 만든다. 수행자는 사각형의 중심에 반달과 빈두 형상의 요니(yoni)의 표상을 시각화한다. 사각형은 수행자가 모든 정신적 봉헌을 귀의시키는 상징적 불 속으로 의식(consciousness)의 불을 태우는 의례(cit-kunda)의 그릇을 상징한다. 수행자는 처음에 그의 충동을 봉헌하고 그 다음에는 감각, 그 다음에는 자아, 그 다음에는 선과 악을 모두 봉헌한다. 그리고 마지막으로 우주가 형성되는 36가지 우주의 원리인 완전한 내적/외적 자아를 봉헌한다. 무조건적 귀의를 통해서, 수행자의 외적 삶을 속박하는 모든 것이 용해된다. 수행자 그 자신으로서 온전한 존재의 정신적 봉헌은 새로운 탄생을 위한 서막이다.

수행자는 절대 원리의 본질을 실재의 궁극적인 토대와 분리되지 않는 텅 빔이라고 이해하게 된다. 그는 상징적 봉헌을 하는 그릇과 구별되지 않는다. 마지막 단계에서, 그의 완전한 존재는 완벽하게 우주에 동화된다. 봉헌의 행위, 봉헌, 봉헌하는 사람, 이 세 가지 모두가 브라흐만(Brahman)이다.[15]

얀뜨라 숭배의 외적 형태와 얀뜨라의 상징을 통한 내적 명상의 차이점은 후자(내적 명상)는 '씨앗이 없고'(nirbija), 분리될 수 없으며, 구분 불가능한 존재, 의식, 지복(sat-cit-ananda)의 존재론적 완전함을 즐기며, 현실의 직관적인 이해에 의지하는 반면에, 전자(외적 형태)는 의식의 미래에 일어날 일을 위한 '씨앗'과 같은 정신 상태를 제공한다는 것이다.

빈두 체험

얀뜨라 명상의 최고점은 사다카가 얀뜨라에서 빈두를 내면화하기 시작할 때 도달한다. 딴뜨라 수행자는 그의 미묘한 몸에서 가상의 지점을 명상할 수 있다. 빈두의 영적 경험은 영적 진화의 끝을 나타낸다.

빈두 상태(bindu-state) 경험은 특별하다. 정신적으로 전체성에 대한 수행자의 자각을 의미한다. 또 내적 깨달음을 통해 저절로 발견된다. 외적으로 향하는 현상적 에고의 모든 에너지는 아뜨만의 궁극적 실현으로 인해 통합되고 안정된 내면의 상태로 이르게 된다. '감각의 중립'은 마야-샥띠 (Maya-Sakti)가 만들어내는 세상의 덧없는 놀이를 멈추게 하고, 그는 더 이상 형상의 세계에 이끌려 다니지 않는 침묵하는 "보는 자" 즉, 현자가 된다. 그는 모든 이원론을 초월하기 때문에, 웃지도 않고, 울지도 않고, 사랑하지도 싫어하지도 않는다. 그 수행자는 정확히 영적으로나 정신적으로 그러한 상태에 도달한다. 빈두의 상징은 이상적 중앙 지점, 모든 극에 균형을 이루는 것을 나타낸다. 하지만 이것은 끝이 아니다. 여전히 수행자는 텅빔(空), 즉 쉬바-샥띠의 근원적 완전함에 동화하기 위해 빈두 상태(bindu-state)를 너머 상승한다.

명상과 얀뜨라 의례를 통한 숭배에 의해 성취된 영적 통합의 가장 높은 단계(samadhi)는 언어적 분석에 영향을 받지 않는다. 그것은 완전한 침묵안에서 명상된다. 근원적인 음절보다 더 높은 것은 빈두이다. 근원적 음절은 소리로 사라진다. 가장 높은 단계는 침묵이다.[16]

수행자가 실재의 모든 분열과 다양성을 통합하고 동화하기 위해 그 자신의 원천으로 거슬러 올라가 근원적 평온함을 찾고 자신을 완전히 회복할 수 있을 때, 그가 추구하고, 보고, 듣고, 접촉하는 것은 무엇인가?

우리 자신이 이원론의 시각에 사로잡혀 있을 때, 보고, 향기를 맡고, 듣고, 말하고, 접촉하고, 이해한다. 하지만 그것의 참된 자아가 있는 곳은 어디인가? 누가 무엇에 의해 보여 질 수 있는가? 누가 무엇에 의해 향기를 맡을 수 있는가? 누가 무엇에 의해 맛을 볼 수 있는가? 누가 무엇을 말할 수 있는가? 누가 무엇을 생각할 수 있는가? 누가 무엇을 접촉할 수 있는가?[17]

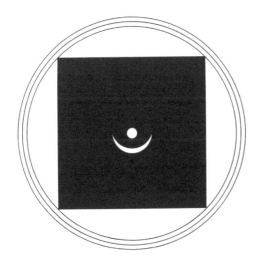

중앙에는 지복의 자리인 요니 상징이 표시된 칫-꾼다 Cit-kunda 얀뜨라, 사각형의 네개의 꼭 지점은 인간 존재의 네 측면을 나타낸다. 순수한 참나(atman), 내적 참나(antaratman), 인식하는 참나(jananatman), 궁극의 참나(paramatman). 의식(cit-kunda)의 내면적 흐름을 담아두는 그릇을 형성한다. 내면을 향해 봉헌하는 명상속에서 사람의 존재의 모든 측면이 봉헌된다. 후기 카울라바리니르나야 딴뜨라 경전

　얀뜨라나 만뜨라와 같은 모든 외부적 요인들은 그림자처럼 된다. 내적 명상의 가장 진보된 형태에서, 환희의 절정에 이르렀을 때, 내적 얀뜨라는 절대자로 여겨진다. 삼매(Samadhi)에 집중된 요기는 얀뜨라 혹은 만뜨라로 통제될 수 없다. 그는 모든 물질적 존재의 힘 너머에 있다.[18] 이 단계에서, 얀뜨라는 버려지고, 다른 수행자에게 전해지거나 성스러운 물로 던져져 사라질지도 모른다.

　명상의 초기 단계에서, 수행자가 현상적 실재의 일부인 반면, 얀뜨라는 물자체의 부분적 원형으로 여겨졌다. 추구하던 깨달음이 성취되었을 때, 얀뜨라는 현상의 한 부분이 되고, 수행자는 물자체의 외적인 측면이 된다. 외적으로 얀뜨라의 영원한 신성(의례 과정의 특별한 측면으로부터 보여진 우주적 관계의 충만함)과 세속성(의례 과정의 외적인 면으로 보여진 우주적 진실의 텅빔)의 모순은 얀뜨라

상징의 본질을 강조한다. 이것은 딴뜨라의 경전에 기능적인 상징이지만, 해방된 진실과 우주적 신비의 비밀스런 힘이다.

6. 얀뜨라의 미학

 얀뜨라를 포함한 인도 전통 예술은 개인의 자기 표현 수단이 아니라, 영혼의 근원적 핵심으로서 역할을 한다. 예술 작업은 신의 원형을 반영하고, 관람자나 애호가가 존재의 다른 영역으로 '여행하는' 다리이다. 그 다리는 유한성과 무한성 사이를 연결한다. 그러한 예술적 형상은 내적 원천으로부터 주제를 구성하는 물질과 형상의 처리 방법이 나온다. 그러한 전통 안에서 창조의 신비를 이해하기 위해 탐구하는 예술가는 경전의 해설자와 우주의 영적 직관을 해석하는 전달자가 된다. 이 직관은 형상의 부수적 측면을 초월하고, 원형적 유사물과 연결에 대한 계시를 이끌어낸다. 현실로 나타나는 영적 개화의 과정은 형이상학적 실재의 변형을 수반하기 마련이다. 그래서 궁극적인 형상과 본질의 표현은 외관이나 '실재' 형태가 같지 않다. 게다가, 형상(Sadanga) 과학의 인도 이론에 따르면, 생성된 형상은 육체적인 눈에 보여도 정신적 원형에 상응하는 대상처럼 존재하지 않는다. 그러므로 형상은 목적을 달성하기 위해 가치있는 것이 아니라, 단지 종교적 경험이나 형이상학적 진실을 제공할 뿐이다. 형상에서 추구하는 것은 물질에 구속된 영혼이다.

 모든 인도의 이미지는 절대적 원리(Supreme Principle)의 '상징'이고, 추상적 관념의 범위가 다양하다. 그 결과로서, 항상 이미지의 외적 형상은 상징-가치에 대한 관련성 안에서 이해된다. 얀뜨라 형상의 물질적 '실재'는 내용의 정

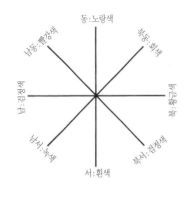

마하니르바나Mahanirvana 딴뜨라에 따른 방향
과 결합된 색채 , 8장, 90-5

신적 실재에 의존한다. 혹은 얀뜨라의 형이상
학은 미학과 동시에 일어난다. 즉, 형상과 내용
이 복잡하게 얽힌 내적 논리에 연관된다.

가령 형상 가치와 상징 가치는 밀접한 조
화를 이룬다. 만약 정체성이 아니라면, 평형관
계는 형태의 본질적 특성과 초월적 대응물 사
이에 존재한다. 그러므로 예를 들어 점은 모든
모양의 기초 원리이다. 얀뜨라에서 점은 빈두
의 상징과 같이 형이상학적 '진실'로 설명된
다. 앞에서 보았듯이, 마치 그 점이 모든 형태
의 근원적인 원리인 것처럼, 빈두는 궁극적 원
리(Supreme Principle)의 본질적 상징이다. 마찬
가지로, 기하학에서 위치는 나눌 수 없는 단위,
모든 차원의 시작이자 실재의 형태로 제시되
고, 빈두가 암시하는 궁극적 원리는 불분명한
것으로 인식되므로 어떤 차원으로 특징지워
질 수 없다. 그러므로 어떤 차원이나 기준으로
제한될 수 없지만, 모든 영적 차원과 경험적 존
재의 토대로 남는다.

딴뜨라의 형태-언어에서, 삼각형은 점(point)
다음에 우주적 위치의 가장 단순한 평면적 표
현이다. 이것은 쉬바-샥띠 원리의 첫 번째로 신
성한 영역(enclosure)이다. 삼각형의 세 점은 세
가지의 우주 원리인 싸뜨바(sattva), 라자스(rajas),

따마스(tamas)나 창조, 유지, 소멸과 관련된다. 내용은 아홉 가지 우주 원리와 관련된 슈리 얀뜨라의 아홉 개의 서킷을 가진 형태를 결정한다. 신체의 아홉 가지 구멍[1](눈, 귀, 입, 콧구멍, 요도, 항문), 아홉 가지 정신의 중앙지점(일곱 가지 짜끄라와 수천 개의 연꽃잎, 눈), 여신의 아홉 개의 이름[2](Tripura, Tripuresi, Tripura-Sundari, Tripuravasini, Tripurasri, Tripuramalini, Yripurasiddha, Tripuramba, Mahatripurasundari); 아홉 행성과 시간의 아홉 등분[3] (24분-ghatika; 3시간-yama; 낮과 밤-ahoratra; 요일-vara; 태음일 (24시간)-tithi; 2주일-paksha; 한달-masa; 계절-ritu). 다섯 가지 원리-오원소 혹은 쉬바의 다섯 가지 측면-와 관련된 우주적 개념은 오각형과 관련있다. 여러 얀뜨라에 존재하는 열여섯 개의 꽃잎은 열여섯 개의 신격이 거주하는 거처이고, 슈리 얀뜨라에서는 산스끄리뜨 언어의 열여섯 개의 모음과 관련된다.

마찬가지로 얀뜨라에서 색의 적용은 순수하게 상징적이다. 색은 결코 도식의 장식적인 특성을 강조하기 위해 사용하지 않는다. 철학적 관념과 관련되고 의식의 내적 상태를 표현한다.

가장 중요한 색도식중 하나는 하얀색, 빨간색, 검정색이다. 이는 세 가지의 물질적 상태(Prakriti)인 싸뜨바(sattva), 라자스(rajas), 따마스(tamas)를 상징한다. 싸뜨바의 상승하는 특징은 순수의 색인 하얀색을 가진다. 역동적이고 창조적인 원리를 의미하는 라자스는 빨간색이다. 활동성이 없고 하강하는 힘을 의미하는 따마스는 검정색이다. 공간의 여덟가지 구역도 상징적인 색깔을 갖는다.

유사하게 다섯 가지 원리는 거친 것에서 미세한 것까지 상승하는 순서로, 땅은 노란색, 물은 하얀색, 불을 빨간색, 공기는 회색, 에테르는 희미한 회색이다. 사각 격자형 얀뜨라에서, 각 사각형은 다섯 가지 요소중 하나를 상징하기 위해 단조로운 톤으로 색칠 될 지도 모른다.[4]

여신의 모습은 그녀의 특징에 따라 색깔이 제시된다. 여신이 자유를 주는 자를 의미할 때는 하얀색, 모든 것의 유지자로서는 빨간색, 파괴자로서는 황갈색, 축복을 주는 자로서는 장미색, 부와 좋은 운을 주는 자로서는 샛노랑색이다. 검정색일 때는 그녀 자신에게로 세계를 완전히 흡수한다. 검정색은 모든 색깔을 포함한다. 깔리 여신의 색채 상징은 어두운 색조로 제시된다. 흰색과 다른 모든 색은 모든 존재가 깔리 여신에게로 흡수되는 것과 같이 검정색 속으로 사라진다.[5]

전통적으로, 여러 문헌에서 색의 상징적 의미가 동일하게 규정되지 않는다. 얀뜨라 예배의 특별한 목적은 얀뜨라에서 사용된 색깔로 결정된다. 노란색과 주홍(rakta)의 두 가지 색은 기본적인 행운의 색깔이다. 간단한 얀뜨라 예배를 위해 제작되는 경우에서는 샤프란 분말이나 빨강색 가루(kum kum)로 그려진다. 갈색, 황갈색, 어두운 파랑은 흑주술의 얀뜨라를 그리는데 사용된다.

얀뜨라는 종종 크리스탈로 만들어지는데 이는 투명한 광채가 모든 색의 스펙트럼을 지니고 있기 때문이다. 순수한 노란색과 반짝이는 빛을 포함하는 금색은 초월을 상징하고, 어떤 얀뜨라에서 금색은 절대적 빛이나 영적 축복의 경험을 의미하는 빈두를 상징한다.

일반적으로, 얀뜨라 미학에서 내용과 표현이 분리된다면 의미가 없다고 한다. 명상을 위한 얀뜨라는 색과 구조 모두에서 지각의 대상과 개념의 우연한 혼합물이 아니다. 얀뜨라의 색과 구조는 얀뜨라 형상들을 다양화 시키고 의미를 확장하는 철학적 내용에 의해 인도된다. 얀뜨라의 모양은 결코 본질적인 의미와 상징-가치를 잃지 않으나 더 복잡한 얀뜨라 구조의 일부분이나 단독으로 표현된다.

힘 다이어그램의 구조

정해진 규범에 따라 표현된 대칭적 조화(symmetry)는 얀뜨라 구조의 기초를 이룬다. 식물의 잎은 자연 법칙에 따라 자연의 조화로부터 벗어나지 않는다. 마찬가지로 얀뜨라는 전통적 법칙과 질서 있고 조화로운 수학적 전개 과정에 따라 펼쳐진다. 얀뜨라가 전개되는 세 가지 원리는 직선적 대칭이거나 (riju) 곡선적 대칭이거나 (susama) 유사-대칭적이거나 편심적이다(visama). [6] 합일된 빈두에서 질서있는 순서로 전개된 가장 바깥 외곽까지 수학적 하강의 근본 원리는 아르다마뜨라 ardhamatra라고 한다. 산스끄리뜨 어원은 rdh=성장하다이며, matra=크기를 의미한다. 크기는 고정되어 있지 않고 조화와 리듬의 법칙에 따라 커지고 펼쳐진다.

빈두 근원으로부터 연속체(nada)로 간주되는 확장된 연장선이 나온다. 나다nada로부터 크기와 차원(parimeya)이 발생한다. 파리메야로부터 공존하는 양극(더하기-빼기, 남성-여성), 원심적-구심적 양극, 숫자의 질서(samkhya)가 발생한다. 숫자는 조화와 안정성, 통합, 합일을 제공한다. 그러므로 숫자 3은 크기에 대한 일정한 특정 구역을 주며 도형으로 삼각형이 된다. 4는 사각형, 5는 오각형, 6은 육각형이다. 우리가 보았듯이, 이 숫자들은 단순히 정수의 합이 아니고 철학적 사유와 관련된 구체적인 상징이다.

형상과 내용의 통합적 관계는 반대로 작용한다. 만약 얀뜨라의 구조가 불완전하다면, 즉 외적 형상의 균형이 왜곡되거나 하나의 선이나 상징이 제거된다면, 내용과 상징적 중요성이 퇴색된다. 더욱이, 이 원리에 의하면, 변형된 얀뜨라의 표상은 (또한 그것을 숭배하는) 수행자 정신 내부에 형이상학적 이미지의 왜곡을 겪을 것이다. 상징을 만드는 과정에서 부주의한 어떤 실수는 수행자에게 정신적 불균형을 초래한다. 실수를 방지하기 위해, 얀뜨라는 신중

하게 전통적 관행과 규율에 따라 제작되어 왔다. 어떠한 첨삭도 가능하지 않다. 만약 실수가 생긴다면, 얀뜨라는 성스러운 물속에 들어가 새로운 것으로 재탄생되어야 한다.

얀뜨라 시다(yantra-siddhais; 얀뜨라의 힘을 불러올 수 있는 성자)는 만약 얀뜨라를 활성화시켜 생명력을 가지는 것에 실패한다면 그에 따른 책임은 얀뜨라를 사용하는 사람에게 있다고 한다. 그러므로 힘-도식은 결코 모호하거나 임의적이지 않고, 공간, 진동, 숫자, 역학의 법칙에 근거한다.

모든 얀뜨라중 가장 훌륭한 슈리 얀뜨라는 비율과 균형이 흠잡을 데 없는 추상적이고 시각적인 걸작이다. 얀뜨라 구조에 대한 제작 기술[7]은 수많은 문헌에서 언급되고, 독특하고 완전한 의례이다. 순다리라하리(Saundaryalahari : 여신에게 봉헌된 찬송의 모음집)의 주석자 락슈미다라(Lahshmidhara)는 얀뜨라 구조의 원리가 작용하는 두 가지 방법을 소개한다. '우도' 수행자에 의해 사용되는 하나는 얀뜨라가 빈두 외부로부터 기하학적 과정으로 생성되는 진화의 순서(sristi-krama)를 활용한다. 좌도 수행자에 의해 사용되는 다른 하나의 방법은 소멸의 순서(laya-krama)이다. 이 구조는 전체의 완전한 얀뜨라 형

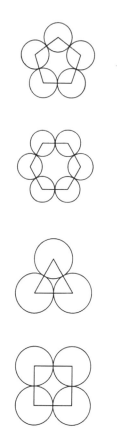

수학적 작도에 따른 얀뜨라의 네가지 기본 형태, 수학에 관한 산스끄리뜨 문헌인 가니따 까우무디Ganita Kaumudi(1356)

태에서 내부로 이동하면서 외곽 서클로부터 하나씩 소멸된다.

전통적 인도 예술에서, 창조의 과정은 숭배 의례의 과정과 비슷한 패턴으로 나타난다. 여러 산스끄리뜨 문헌을 인용한 쿠마라스와미 (Coomaraswamy) [8]는 예술가가 경험해야 하는 다양한 원리를 기술한다. 예를 들어, 조각된 이미지의 창작보다 먼저 선행되는 의례의 첫 번째 단계에서, 예술가는 외딴 장소로 간다. 그는 자신의 욕구를 훈련해야 하고, 그의 정신적 과정을 통제하고, 잠재의식의 혼란스러운 세계를 억제한다. 때로는 의식의 내부에 닿기 위해 창작의 시작 전날 밤과 정화 의식 뒷날 밤에 기도문을 외운다. "오 신이시여, 제 내면속에 일을 수행할 수 있는지 꿈에서 저에게 가르쳐 주소서."[9] 예술가들이 내적 평정과 정신적 은총을 받아 정서적으로나 영적으로 통합된 후에, 이미지의 실행을 위해 정신적 청사진을 제공하는 명상(dhyana) 만뜨라로 신을 불러온다. 이후 예술가는 '눈의 열림'(opening of the eye)이라 불리는 의례에서 이미지를 신성하게 한다. 이러한 절차는 미학적 수행을 거친 사람만이 그런 예술적 표현이 가능하다는 것을 강조한다.

예술을 통한 모든 종교적 수행에서 무의미

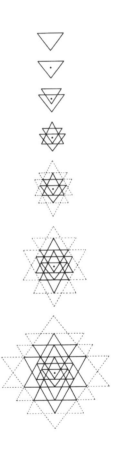

전개되는 양식(sristi-krama)으로 슈리 얀뜨라를 그리는 전통적 방법, 딴뜨라 문헌인 Saundaryalahari(8세기)에서 성자락쉬미다라 Lakshmidhara가 그림

191

한 것은 바로 그의 예술로부터 분리된 '예술가'이다. 창조 활동을 하는 동안 예술가는 그의 개체성과 개인의 모든 흔적을 지운다. 그가 창조한 모양과 형상은 자신 안에 존재하는 것처럼 대우주에 드러난다. 그의 감각에서 창조된 대상은 근원적 원천으로 영적 전환을 위해 제작자를 준비시킨다.

마찬가지로, 얀뜨라의 구조는 완전한 의례이다. 이러한 과정은 가장 길조의 장소와 시간을 선택하여 진행된다. 얀뜨라가 그려지는 표면은 상서로운 표시를 지녀야 하고 부드러워야 한다. 그리기는 비율이 완벽해야 하고 채색은 흠이 없어야 하고 붓질은 알맞아야 한다. 경전에 제시된 얀뜨라의 선적 구조를 그리는 모든 법칙을 따라서 꼼꼼하게 그려져야 한다. 하지만 제작자가 우주적 힘을 가진 내적 생명의 유대를 손으로 그려낼 수 있음에도 불구하고, 얀뜨라의 진실한 힘을 가져오는 데 실패할지도 모른다. 그가 본성과 그의 정신의 깊은 층에 있는 우주와 연결을 느낄 수 있을 때까지나, 그가 그 자신의 진정한 실재를 알 수 있을 때까지는 그가 그린 얀뜨라는 초월적 세계에 참여하는데 실패할지도 모른다. 제작자는 얀뜨라에서 전해지는 에너지의 본질을 느껴야 한다.

이 형이상학적 미학은 사원이든지 허름한 집이든지 본래의 환경에 있는 얀뜨라를 보는 누군가는 그것을 알 수 있고, 박물관이나 갤러리에 배치된 것을 보는 사람보다 더 얀뜨라의 내적 의미를 이해할 수 있다고 생각한다. 얀뜨라는 우주의 직관을 끄집어내고, 숭배로 시작해서 재통합으로 끝나는 단계를 통해 경험된다.

도상(Icon)과 얀뜨라

형상과 내용의 불가분성은 얀뜨라 미학이 가진 한 가지 측면에 불과하다. 다른 측면들은 도상해석학적 예술의 '사실주의'와 반대로, 상징적 형상을 띤 기본적인 추상과 관련된다. 일례로 마쿤데야 뿌라나Markandeya Purana의 데비 마하뜨마Devi-Mahatmya에 설명되었듯, 딴뜨라의 두르가Durga여신의 도상적 이미지를 들 수 있다. 이미지의 표현에서 딴뜨라 문헌에 기술된 얀뜨라 형상과는 반대로 대담한 대비를 이룬다.

도상해석학적 형상으로 두르가의 형상은 비슈누와 쉬바, 그리고 모든 신이 내뿜은 불꽃 같은 광채의 에너지로부터 탄생되었다. 여신의 형상으로 응축될 때까지 광채의 에너지는 구름모양 덩어리로 결집되었다고 기술한다. Devi-Mahatmaya의 시는 그녀의 신체적 형상과 도상적 특성을 기술한다.

모든 신의 몸에 독특한 광채가 나타나서, 빛의 덩어리로 결집되어 여성의 형상을 갖추어 세 개의 세계로 퍼져서 나갔다.

쉬바의 빛은 여신의 얼굴을 형성한다. 긴 머리 다발은 야마Yama와 빛에서 형성되고, 팔은 비슈누Vishnu의 빛에서 형성된다.

두 개의 가슴은 달의 빛에서 형성되고, 허리는 인드라Indra의 빛에서 형성된다. 다리는 바루나Varuna의 빛에서 형성되고 엉덩이는 땅의 빛에서 형성된다.

발은 브람마Braham의 빛에서 형성되고 발가락은 태양의 빛에서 형성된다. 손가락은 바수스Vasus의 빛에서 형성되고 코는 쿠베라Kuvera의 빛에서 형성된다. 이는 쁘라자빠티Prajapati의 빛에서 형성된다. 세 개의 눈은 불의 빛에서 나타난다.

눈썹은 산디야스Sandhyas로부터 형성되고, 귀는 바람으로부터 형성된다. 또한 다른 신의 빛으로부터, 행운의 여신이 형성된다.[10]

압도적인 무한한 힘을 투영하는 세 개의 초승달 모양 눈을 가진 여신은 행운의 무기와 징표, 보석과 장식, 의복과 기구, 화환과 염주 등 신들로부터 얻은 선물을 들고 18개의 팔을 내보이고 있다. 금빛으로 빛나는 그녀의 신체는 천 개의 태양을 모은 광채로 빛나며, 그녀가 타고 다니는(vahana) 사자 위에 꼿꼿이 서서 승리감을 드러내며 우주 에너지를 가리키는 가장 빛나는 도상적 재현이다.

반대로, 두르가의 얀뜨라 형태는 네 개의 문을 가진 사각형으로 둘러싸인 여덟 장의 꽃잎을 포함한 세 개의 원에 둘러싸여 있다. 아홉 개의 각으로 형성된 세 개의 삼각형의 구성으로 딴뜨라사라Tantrasara[11]에서 기술된다. 여신의 씨앗 만뜨라는 중앙에 있다. 얀뜨라는 두르가의 견고한 이미지(murti)에 어떤 유사성(amurta)도 없이 선형으로만 구성된 에너지의 구역을 형성한다. 도상의 복잡한 특성을 가진 두르가의 장엄한 디자인은 모든 상서로운 인격화로서 생명의 힘과 활력을 보유하는 단순한 기하학상의 균형으로 분석된다.

도상에 대하여 두려움을 가지거나 또는 평안한 마음을 얻기 위한 것이 얀뜨라의 목적은 아니다. 얀뜨라의 추상성과 고요한 평정성은 수행자로 하여금 우주와 신의 부분적인 측면을 초월하도록 한다. 더욱이 얀뜨라는 도상(icon)과 다르게, 형태의 기하학적이고 역사적인 변화에 대한 주제가 아니라 인도에 걸쳐 공통적인 전통을 보존하고 있는 의미에서 보편적이다.

7장에서 보았듯, 시각적으로 인도 사원 건축에서 신의 도상보다 얀뜨라가 더 일반적이다. 얀뜨라를 반영하는 사원에 모신 신의 주 이미지는 보조신의

70. 남성과 여성원리의 우주적 전체성을 묘사한 링가-요니 상징(가운데)과 함께 있는 쉬바의 얀뜨라의 일종인 에깔링가또바드라Ekalingatobhadra 얀뜨라. 바라나시, 전통적 형태에 기초한 현대적 이미지

71. 후기 얀뜨라 다이어그램 안에 이어온 상징적인 사각 격자 형태를 가진 베다시대(기원전 1500)의 성화 제단의 다이어그램

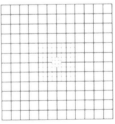

72. 어떤 신의 숭배에 사용되었을 사르바또바드라Sarvatobhadra 얀뜨라. 주된 신은 네 개의 가장 중요한 방향으로 확장되는 채색된 사각형 각각에 둘러쌓인 신들과 중심의 신이 초청된다. 바라나시, 전통적 형태에 기초한 현대적 이미지

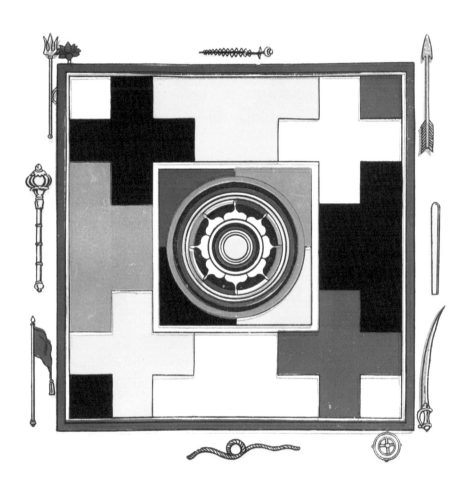

73. 바루나 만달라Varuna Mandala. 우주적 질서의 신은 역시 물의 신이다. 얀뜨라의 중심에 자리한 의례용 그릇(jar) 안으로 신이 초청된다. 얀뜨라의 성스러운 영역에 대한 공간을 수호하는 지배자와 신들의 상징

74. 우주적 남성-여성의 대극의 합일을 상징하는 여덟 링가-요니와 쉬바의 얀뜨라인 아스타링가또바드라
Astalingatobhadra 얀뜨라

형상과 함께 장식되어 내부 사원에 안치된다. 얀뜨라 자체인 사원의 내부는 수행자가 가장 신성한 중앙으로 이동하기 위해 신성한 영역을 지나가도록 배치되었다. 사원과 숭배를 위한 얀뜨라는 존재의 모든 차원과 측면을 다양성과 서열 구조로 배열하여 총체적 '우주의 패턴'을 만든다.

수행자는 명상이나 숭배를 위해 각각의 신을 무르티(도상), 얀뜨라(비도상적인 기하학적 대응물), 만뜨라(밀교적 소리·음절), 비자-만뜨라(원자적 단음절) 등의 형태로 이해할 수 있다. 도상은 신의 가장 거대한 표현이고, 얀뜨라는 도상의 기하학적 대응물이며, 만뜨라는 소리로서 형상을 압축한다. 거대한 것으로부터 미묘한 것에 이르는 과정에서, 얀뜨라는 형태와 형태 없음, 시각적 에너지와 비시각적 에너지를 연결한다. 얀뜨라의 추상성은 단음절의 만뜨라, 즉 미묘한 초월성을 향한 둔한 물질성의 중요한 첫단계이다. 우리가 앞에서 보았듯이 (2장) 얀뜨라와 만뜨라는 끊임없는 변증법을 만든다. 그러므로 얀뜨라의 미학은 소리 역학에서 고려되야 한다.

추상적 형상을 갖춘 이미지는 헌신을 위한 욕구와 숭배자가 지닌 기질에 따라서 숭배자에게 새로운 대안을 제공한다. 예배에 의무가 있는 수행자는 구체적 형상의 신격에 집중할지도 모른다. 반면에 높이 진보한 수행자는 단지 만뜨라와 얀뜨라만을 사용할지도 모른다. 하지만 도상과 얀뜨라는 분리된 실체로 여겨져서는 안된다. 그들은 하나의 불에서 튀어 나온 두 개의 불꽃처럼 궁극의 원리를 이해하는 두 가지 방법이다.

욕망의 운반자인 Smar-hara 얀뜨라(세부) 이 원은 잠재된 꾼달리니 샥띠다. 다섯 개의 남성과 여성 삼각형은 가장 내적인 참나를 덮고 있는 다섯 심리적 층과 상응하는 것을 묘사한 것으로 이 꾼달리니 샥띠가 상승할 때 잇따르는 내면의 본질 측면들을 너머서 충만될 수 있다.

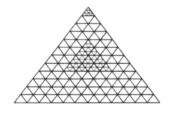

Pranga-cit. 지배권과 권력을 얻기 위한 의례에 따른 마법적 삼각형의 형태 안에 베다 시대의 불의 제단

인도의 전통적인 추상 예술

앞서 제시된 예술 형태에 비해, 인도 예술에서 추상성과 단순함은 이질적일 수 있다. 하지만 얀뜨라의 가장 중요한 특징은 기하학적 우아함과 형이상학적 형태의 순수함이다. 얀뜨라의 예술은 선(Zen) 화가의 예술에 가깝다. 그는 창조의 모든 미스터리를 모든 세밀한 장식을 제외하고 본질에 대한 형상을 압축하여 약간의 붓 터치로 전달한다.

인도 예술에서 기하학적 추상 형태는 오랜 역사를 지닌다. 얀뜨라의 형상과 유사한 상징적 형상을 가진 불의 제단의 다양성에 관해서는 베다 시대(기원전 2000년)로 거슬러 올라갈 수 있다. 학술적 증거에 따르면, 베다 시대에 예술이 고차원적이고 상징적 표현에 이르렀음을 보여준다. 베다 종교는 의인화되지 않은 자연 숭배 중 하나이므로, 도상과 사원은 존재하지 않는다. 결론적으로 신성한 의식이 행해지는 장소는 신성한 영역, 불 태우는 의식에 사용된 불의 그릇, 상징적으로 하늘과 땅이 만나는 곳 등의 특징을 지닌다.

베다 제단은 단순한 모양을 갖춘다. 둥글고 사각형에서 기하학적 모양이 결합한 것까지 제단들의 범주는 초기에도 순수하게 추상적이고 후기 형상에서도 마찬가지다. 신성한 의미에서, 사각형은 Ahvaniya 불, Uttara Vedi, Ukha와 함께 베다 제단의 기본적인 모양이다. 그리고 다른 모든 모양은 사각형의 베다 제단에 근거한다. 그 제단은 우주적 존재인 뿌루샤(Purusha)의 물질적 요소를 나타낸다. 제단의 벽돌은 우주의 거대한 확장을 상징하기 위한 주요한 네 방향을 향해 있다. 제단의 심장은 의례의 불이 타오르는 곳이다. 제단은 신성한 주초에 연결되어 신격의 상징적 모양(불, 희생의 의례)을 결합한다. 불은 하늘과 땅을 연결하는 세계 축 문디(mundi)이다. 제단은 상징적으로 4개의 지역(동, 서, 남, 북)을 의미하는 기둥을 나타낸다.[12] 불은 우주의 세 개의 영역(땅, 공기, 하늘)을 지배하고, 제단의 구성은 이 원리를 암시한다. 다섯 개의 층 중 세 개는 베다 우주의 세 영역을 나타내기 위해 구성된다.

비록 제단이 시대가 흘러 중세 딴뜨라의 영향 아래로 들어가서 세부적인 부분의 무수한 변이가 생성되었을지라도, 의식의 숭배에 사용된 많은 얀뜨라는 이 베다 제단에 고풍적 특징이 남아있다. 제단-도면과 얀뜨라는 동등하게 강한 우주적 유사성을 가지고 있고, 어떠한 장식의 퇴화도 없이 수학적 원리에 따라 행해진다.

중심성과 전체성

이러한 다양성에도 불구하고, 얀뜨라의 모양은 수학적 완전성을 유지한다. 빈두의 확장으로서 방향, 운동, 에너지가 제시된 선이 나와 점차 복합성이 증가하는 기하학적 패턴을 창조한다. 얀뜨라는 내적 조화와 합일의 형상인 완벽한 '홀로그램'으로 나타난다. 선은 구성의 유기적 합일이나 전체성을 가정하지 않고 작은 단위로 나뉠 수 있다. 하지만 위치(point)가 주어진 구성(얀트라안에서와 같이)의 중앙에 위치할 때, 선의 공간적 가치는 중심에 연관되기 시작하고 모든 부분은 전체로 바꾸어진다. 얀트라에서 모든 집중적 형상은 '패쇄된' 모양과 형태이다. 좌우 또는 상하로 대조되는 형태로 연결되어 내적 균형이 유지된다. 얀트라의 중심은 모든 선형의 흐름을 통합한다.

우주는 생명의 모든 원소들이 끊임없이 우주적 주기의 끝에서 재생되는 '홀론'(완벽한 전체)이나 '닫힌 우주'로 인지된다. 그러므로 닫힌 우주 내부의 모든 나타남은 영원한 불변의 실재(나누어지지 않는 중심)와 균형을 이룬다. 얀뜨라는 홀론(완전한 전체)의 기하학적 패러다임과 모든 양극이 조화롭게 합일된 신비한 구성이다.

7. 건축 얀뜨라(Architectural Yantras)

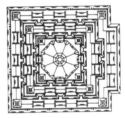

세 겹의 층으로 된 얀뜨라와 유사한 구조로 묘
사된 Mahabalipuram에 Dharmaraja-ratha의 평면
도와 입면도

　힌두교 전통에서, 사원은 신의 거주지와 신
체로 간주된다. 비록 초기 힌두교의 신전과 사
원은 작고 단순한 형태였지만, 시간이 지날수
록 건물 내부에 여러 부차적 구조물이 포함되
어 최초의 설계보다 다양해지고 복잡해졌다.
사원의 외벽은 자연적 생명의 전경을 나타내
는 것으로, 남성과 여성의 형태, 동물, 식물, 꽃
등 무수한 형태, 신과 여신들의 신화적 형상,
신성한 존재와 반신 등 풍부한 조각으로 장식
된다. 반면, 가장 깊숙한 곳에 자리한 방, 즉 감
실(Garbhagriha)은 겹겹으로 축조된 거대한 외벽
에 감춰져 있다. 일련의 제의를 위한 홀과 계단
을 지나 도달할 수 있는 사원의 벽과 천장은 그
림으로 장식되어 있거나 벽감 위에 수많은 조
각으로 장식되어 있다. 이러한 홀은 지상계인
세속에서부터 점차로 어둠을 여는 영적으로
가장 높은 영역으로 이끈다. 사원의 수호신의

기호와 상징들이 있는 비교적 작은 가르바그리하로 유도한다. 가르바그리하는 개인의 구도적 여정의 절정을 나타내고, 사원의 성소sanctum sanctorum이다. 이는 바로 사원의 첨탑 바로 아래에 위치한다.

허름한 성소든 복잡한 사원의 집합이든, 모든 힌두교의 사원은 제의적 설계도인 얀뜨라와 만달라 위에 건축되었다. 이런 건축 얀뜨라들은 개인적인 제의 숭배나 명상으로 사용되는 얀뜨라와 다른 특정한 형태이다.

건축상의 얀뜨라는 사원의 평면도가 아니라, 사원의 신성한 경내를 구성하는 원리를 도식화한다. 사원 건축물의 규모와 면적은 건물의 기초를 놓을 때 수반되는 의식을 적어 놓은 초기 건축 설명서에 상세하게 적혀 있다.

바스투-뿌루샤 만달라(The Vastu-Purusha Mandala)

대부분의 설명서들은 [1] 모든 힌두교의 사원의 평면도가 얀뜨라와 유사한 바스투-뿌루샤(Vastu-Purusha) 만달라로 불리는 단순한 도안을 따르도록 규정한다. 그것은 또한 초기 거주지의 모형이었다.

이 다이어그램은 기본적으로 질서 있는 우주의 모습이다. 그리고 현상의 세계에서 만달라로써 우주적인 뿌루샤에 의해 나타나는 형태를 나타낸다. 바스투Vastu는 육체를 가진 존재나 장소이며, 뿌루샤Purusha는 최고의 원리나 우주의 근원이며, 만달라mandala는 닫혀있는 다각형의 형태를 말한다. 바스투-뿌루샤 만달라의 정확한 비율은 사원의 정확한 청사진이 결코 아니기 때문에 중요하지 않지만, 사원 건축물의 구현 가능성의 폭넓은 범위를 함축한다. 사원을 건축할 때, 의식적 다이어그램은 하나의 '상형문자(ideogram)'로 나타난다.

바스투-뿌루샤 만달라는 기본적으로 바둑판의 눈금과 같지만, 그것은 다른 기본적인 형태로 바뀔 수 있다. 가장 단순한 배열은 64(8×8)나 81(9×9)개의 사각형으로 구성된다. 4등분 또는 9등분된 핵의 중심 지역은 제 1의 신인 브람마에게 바쳐진다. 보다 훨씬 복잡한 다른 형태는 고대의 격언처럼 내려오는 연속적 배열에 의해 1,024개의 사각형으로 나누어져서 정성들여 만들어질 수 있다. 만달라가 건축에 이용될 때, 그 사원의 감실 중심에 위치한다. 핵의 주위에 12개의 정사각형들은 공간의 여덟 방향에 신들의 자리로 지정된다. 이들은 천체(天體)와 결합된 다른 32개(28개 달모양과 하지, 동지, 춘분, 추분)의 신에 의해 둘러싸여 있다.

그러므로 이런 간단한 그래프와 같은 다이어그램은 연, 월, 일 등의 주기적으로 변화하는 표를 제공하여서, 공간의 방향 에너지를 나타낼 뿐만 아니라, 점성학적 의미도 함축하고 있다. 힌두교의 건축 설명서에 표현된 32개의 변화를 나타내는 이런 만달라들은 힌두교 사원의 율동성, 디자인, 개념적 기초에 크게 기여한 건축 얀뜨라의 초기 형태이다. [2]

남인도 건축 얀뜨라는 일반적으로 다른 우주 질서를 반영하기 위해 건설되었다. 세 개의 같은 축을 가진 정사각형은 계층 구조를 띤다. 그리고 가장 안에 있는 것은 우주적 존재에 할당되었다. 중간에 있는 것은 신의 영역에, 가장 밖에 있는 것은 세속적인 영역에 할당되었다. 가장 밖에 있는 사각형 넘어서는 저승의 존재들이다. 하지만, 남인도의 스탄딜라(Sthandila) 만달라는 일반적으로 49개 정사각형의 구성으로 이루어져서 북인도의 건축 얀뜨라와 공통점이 있다.

비록 건축 얀뜨라는 매우 상징적이고 정밀한 구조물임에도 불구하고 일정한 실용적 지침을 따른다. 바스투-뿌루샤 만달라는 사원에서 신들의 이미

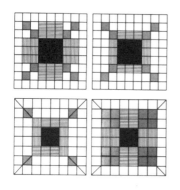

Vastu-Purusha Mandala의 네가지 유형. 중심은 바깥쪽 테두리로 펼쳐진 부수적 신들과 주요 신격의 자리이다.

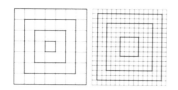

사각 격자의 분할에 기초를 둔 남인도 사원 건축 얀뜨라인 Sthandila 만달라

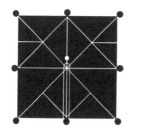

Silpa-Prakasa에 따른 쉬바와 샥띠의 합일을 상징하는 Kamakala 얀뜨라

지 배치에 활용된다. 실제로 거주하는 건물의 설계 계획에 사용될 때는 건축되어야 하는 사원의 위치와 거주지의 방위를 규정한다. 한 사원이 건설되기 전에, 땅은 평평하게 되고, 순수하게 되고, 신성하게 된다. 그리고 바스투뿌루샤 만달라는 의례적으로 그 지점 위에 그려진다. 따라서 그 건물은 기초에 있는 바스투뿌루샤(궁극의 원리)로부터 에너지를 얻는다.[3]

샥띠와 요기니 얀뜨라
(Śakti and Yogini Yantras)

딴뜨리즘은 사원 건축 공사에서, 특히 샥띠 숭배에 바쳐진 사원의 건축에서 얀뜨라의 사용에 큰 중요성을 두고 있다. 얀뜨라는 사원의 설계도와 평면도를 위한 기본적인 영감으로서 사용되는 건축 얀뜨라뿐만 아니라 실제로 건물의 구조에 결합된다. 예를 들어, 얀뜨라는 가르바그리하의 기초와 사원의 중요한 모퉁이에 위치한다. 또한 얀뜨라는 사원 내부와 외부 벽을 장식한 수많은 조각상의 구성에도 영향을 주었다.

206

오리사(Orissa)에서 최근에 발견된 딴뜨라 필사본 실빠-쁘라카사(Silpa-Prakasa, 9-12세기)는 특별히 '좌도(left-hand)' 딴뜨라 샥띠 사원의 특이한 특징과 건축 설계 의례에 지대한 영향을 주었다.

이 설계도에 따르면, 기둥은 지상에서 우주의 중심축을 상징하고 '얀뜨라의 자궁(yantra-garbha)'이라고 불리는 적합한 지점에 놓인다. 하나의 원이 그 기둥 주위에 그려지고, 각기 특정한 신성이 할당된 열 개의 주요한 지점이 공간(8개의 방향, 천정과 바닥)의 구획과 관련하여 표시된다. 이 열 개의 지점은 사원의 전체 설계를 결정한다. 중심으로부터 외부로의 건축은 숭배와 명상을 위한 얀뜨라의 제작과 유사하고, 기둥은 빈두와 유사하다.[4]

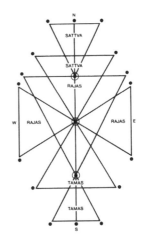

실빠-쁘라카사에 의해 규정된 여신 사원의 주요한 건축 얀뜨라는 바스투-뿌루샤 만달라의 정사각형에 반대되는 것으로서 직사각형이다. 그 정사각형이 정적인 형태임에 반하여, 네 개의 고정된 지점을 가지는, 여신 사원들의 직사각형은 샥띠의 창조적 연극의 율동적인 연속 상태를 상징하며, 그녀는 생명과 자연을 넘어선 정복당하지 않는 에너지이다.

요기니(Yogini) 얀뜨라는 샥띠 사원에 설치되

Silpa-Prakasa에 따른 샥띠 의례를 봉헌하기 위한 딴뜨라 감실을 위한 요기니 얀뜨라(위), Varahi 사원(아래) 이곳에 요기니 얀뜨라는 감실의 기초에 놓인다.

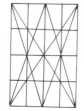

Silpa-Prakasa에 따른 구도를 잡기 위한 쉬바의 얀 뜨라인 Bhairava 얀뜨라(좌), 그 위에 겹쳐진 쉬바 의 도상(우)

그의 두 샥띠 얀뜨라와 같이 있는 태양신을 의 미하는 수리야 얀뜨라(중앙), Chaya(좌), 마야(우) 이 얀뜨라들은 오리샤의 Padmakeshara사원에 있는 수리야의 민속적 이미지 아래 새겨져있다. 건축에 관한 고전인 Mandala Sarvasva 출전

지만, 사원의 설계에 영향을 미치지는 않고 사 원의 건설 기간 동안에 의례를 통해서 여신의 힘에 대한 우월성을 강화시킨다. 요기니 얀뜨 라는 감실의 기저에 그려진다. 그리고 사제에 의해 신성화되고 경배된다. 이러한 준비 의식 후에, 가장 내부의 거룩한 장소에 덮어 놓는다. 요기니 얀뜨라의 상징적인 의미는 우주에 대 한 딴뜨라 개념의 다양한 요소를 혼합한 바스 투-뿌루샤 만달라의 그것처럼 복잡하다.

북에서 남으로 이어지는 중앙선 위의 세 지 점은 그녀의 세 가지 경향을 통해 나타난 샥띠 의 세 가지 현현을 나타낸다. 즉, 사트바(sattva; 지 혜의 순수성), 라자스(rajas; 에너지), 타마스(tamas; 덩어 리나 불활동성)을 의미한다. 세 개의 라자스 삼각 형은 반대되는 에너지와 균형을 이루어 창조 의 배후에 있는 동적인 활동을 나타낸다. 즉, 상승하는 성향을 가진다. 위에 두 개의 사트바 삼각형이 있고, 아래에 있는 두 개의 타마스 삼 각형은 하강하는 성향을 가진다. 일곱 개 삼각 형들은 모든 창조의 가장 중요한 원천인 여신 의 특성을 나타낸다.

각 삼각형의 외부 꼭지점은 64요기니로 알 려진 64여신의 무리를 나타낸다. 이러한 신들 은 낮을 위한 15개와 밤을 위한 15개로 이루어

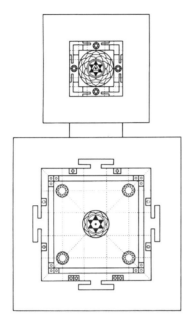

꼬나락Konarak에 있는 수리야 사원의 평면도는 감실 밑에 놓여진 얀뜨라를 보여준다(위, Surya Pancabja Mandala) 의식용 홀(Maha Surya 얀뜨라). 만달라 사르바스바Mandala Sarvasva에 출전

오리샤의 마하 가야뜨리(Maha Gayatri) 사원에 놓여진 세 개의 건축 얀뜨라, 태양신 수리야의 세가지 샥띠를 나타낸다. 원형의 얀뜨라(상)는 아침의 봉헌 의례를 관장하는 여신 가야뜨리를 나타낸다. 그녀는 생명과 에너지, 창조의 상징이다. 중앙의 사각 얀뜨라는 한낮 동안 숭배의례의 샥띠인 사비뜨리Savitri 여신을 나타낸다. 소멸의 불이 타오르는 것의 상징이다. 아래의 직사각형 얀뜨라는 저녁에 봉헌되는 황혼의 시간대를 관장하는 사라스와띠 여신이다. 우주의 기초와 보존을 나타낸다. 출전 뜨리깔라 마하마야 아르카나 비디Trikala Mahamaya Arcana Vidhi

진 30개의 조각(muhurtas)으로 나누어진 낮과 밤의 율동적인 주기를 나타낸다. 각 각의 무후르타는 각 각 새벽녘과 황혼녘을 위한 두 개의 요기니에 의하여 관장된다. 요기니 얀뜨라는 오리사의 카우라시(Caurasi)에 있는 바라히(Varahi) 사원(12세기경)에 설치되어 있다. 성적 요가 의식, 처녀 숭배처럼 은밀한 의례가 '좌도' 딴뜨라 추종자(Kulacharas)들에 의해 행해졌다.

샥띠에 바쳐진 딴뜨라 성소에서 얀뜨라의 사용은 설계와 준비 의식을

위한 규범을 넘어 확장되었다. 좌도 교리의 비밀스러운 측면은 카마카라 (Kamakala) 얀뜨라의 형상에 생생하게 그려졌다. 대단히 효능있다고 알려진 이 얀뜨라는 정사각형이나 직사각형이었다. 그리고 기준선의 중심으로부터 치솟은 링가(linga)로 불리는 쉬바의 상징이 있고 샥띠에 의해 관장되는 16개의 요니 삼각형이 주위에 있다. 링가 위에 최고의 샥띠의 거주지인 마하-카마칼레슈와리(Maha-Kamakalesvari)인 하나의 점이 있다. 이 얀뜨라는, 사원에서 숭배자의 수행을 방해하는 어떤 장애물도 차단하므로, 샥띠와 쉬바에 바쳐진 사원을 위해 필수적으로 여겨졌다.

게다가, 카마카라 얀뜨라는 밀교적 의미도 있다. 그리고 사원에 새겨진 미투나(mithuna; 사랑하고 있는 남녀 한쌍) 아래 항상 숨겨져 있다. 이 얀뜨라는 좌도 추종자들의 본질적인 철학을 표현한다. 그들은 '욕망은 우주의 뿌리다. 욕망으로부터 모든 존재가 생겨났다. 최초의 물질(Mulabhuta)과 모든 존재들은 욕망을 통하여 재흡수된다'고 믿는다.[5] 그래서 그 문헌은 사랑-이미지(kamakala)가 없는 장소는 '기피되는 장소'라고 결론을 내린다. 그것은 딴뜨라 사원에 사원 벽을 장식하는 조각의 디자인과 제작을 규정하는 것에 적용되었다.[6]

그렇게 '구성 얀뜨라'는 수학적인 비율에 기초해서 명상이나 숭배에 사용되는 것이 아니라, 철학적인 뼈대를 제공하는데 사용된다. 그것은 열 개의 마하비디야(Mahavidyas)와 같은 신들의 형상 제작을 위한 (특히 딴뜨라 성전을 관장하는 신들을 위해) 특정한 기초적 구성 원리를 결정한다. 구성 얀뜨라의 기본 도식은 중앙에 중심을 둔 수직, 수평, 사선들의 격자이다. 그것은 전체 조각 이미지가 만들어진 이러한 얀뜨라의 선 분할의 기초 위에 있다. 얀뜨라의 각 형태는 특정 신의 형태와 일치한다. 우리는 얀뜨라가 딴뜨라 사원 예술에서 담당하고 있는 엄청난 역할을 추측할 수 있을 뿐이다.

수리야 판카브자 만달라와 나바그라하 얀뜨라

Surya Pancabja Mandala and Navagraha Yantra

얀뜨라에 기초를 두고 있는 사원의 특별히 좋은 예는 오리사주(州)의 수도 부바네스바르(Bhuvanesvar) 가까이에 있는 코나락(Konarak)의 장엄한 수리야 사원이다. 이 얀뜨라는 영적이거나 세속적인 모든 빛의 원천인 태양신 수리야에 경의를 표하여 대략 AD 1240-80년에 지어졌다.

최근 연구는 수리야 이미지가 안치된 받침대안에 새겨져 있는 얀뜨라들을 보여준다.[7] 사원에는 지금은 파괴된 수리야를 숭배하는 이미지가 놓인 높은 탑(Vimana), 그리고 성스러운 내부 방에 위치한 계단식 피라미드 형태의 회당(Jagamohana)의 두 가지 주요한 구조가 있다.

성전 아래에 놓인 얀뜨라의 제작 방법, 수리야 판카브자(Surya Pancabja: 태양신의 다섯 연꽃잎) 만달라와 그것의 다양한 신들을 숭배하는 방법은 딴뜨라 경전에 설명되어 있다.

이 사우라판카브자(Saurapancabja) 만달라는 수리야에 의해 크게 사랑받는다. 그리고 그것은 네 개의 다른 신들과 함께 수리야를 위해 만들어진다. 이 얀뜨라를 위해서 전 지면이 25개의 부분으로 나누어지도록 정사각형을 거듭 분할을 해야한다.

두 개의 대각선을 따라서 중심-지점이 보인다. 중심 주위에, 여덟 장의 부채꼴 모양을 가진 하나의 원이 가장 중앙에 있는 사각형 부분의 크기를 넘지 않도록 그려져야만 한다.

따라서 중심에 있는 연꽃은 여덟 개의 꽃잎이다. 모퉁이에는 열두 장의 꽃잎을 가진 연꽃들이 있다.

이 얀뜨라의 중심에는 빈두가 있다. 그리고 그 원 안에는 여덟 장의 꽃잎을 가진 연꽃이 있다.

남쪽에 있는 가네사(Ganesa)와 루드라(Rudra)와 북쪽에 있는 암비까(Ambika) 와 비슈누(Vishnu)가 작은 연꽃 위에 봉안되어 숭배된다. 그리고 외부 정사각 형의 절반 부분을 남겨서, 각 각의 모퉁이 안에 하나의 정사각형은 까르니까 karnika[귀]와 함께 만들어졌다. 이러한 까르니까들에서, 세 개의 빈두가 만들 어진다. 두 개는 가장자리에, 하나는 중심에 있다. 이러한 세 개의 빈두 위에, 수리야 샥띠들이 숭배된다.

아그니(Agni)[남-동] 코너에 디쁘따(Dipta), 슉슈마(Suksma), 자야(Jaya)가 위치 하고, 나이르티아(Nairrtya)[동-서] 코너에 비자야(Vijaja), 바드라(Bhadra)와 우스마 (Usma)가 위치한다. 바유(Vayu) [북-서] 코너에 띡슈나(Tiksna), 베가(Vega), 쁘라칸 다(Pracanda)가 위치하고, 이사나(Isana) [북-동] 코너에 따피니(Tapini), 스바르남수 (Svarnamsu), 악스까리까(Akskarika)가 위치한다.

이 신들은 씨앗 만뜨라 흐림Hrim과 함께, 꽃, 향수, 쌀로 숭배해야 한다.

딕팔라스(Dikpalas; 공간의 지배자인 신)에게 숭배해야 한다. 부뿌라(Bhupura; 가 장 바깥의 주변)의 네 개의 면위에 문과 같은 부분이 돌출되어 있다. 딕팔라스 는 적합한 장소 안에서 만뜨라를 가지고 숭배받는다. 오직 브람마와 아난따 (Ananta)의 앞쪽에서만 숭배되어야 한다.

수리야 뿌자는 짜야Chaya와 마야Maya(수리야 샥띠)와 함께 중심에서 행해 진다.

스마르따(Smartas; 브라민)는 이 장소 위에서 다섯 신들을 숭배 한다.

Hrim 비자(씨앗 소리)는 수리야를 위해, Kilm 비자는 비슈누를 위해, Gum은 가네샤, 슈리Sri 비자는 암비카를 위한 것이다. 루드라는 브라민Smartas에 의 해 루드라 만뜨라와 같이 숭배된다.

넓은 홀이 수리야에게 제물[yajna]을 바치기 위해 지어졌을 때, 그것은 모두 네 개의 원을 포함하여, 중심에 제단[vedika]을 가지고 이 얀뜨라에 따라서 지어졌다. [8]

지어진 사원의 중심축은 정확하게 기초에 놓여진 얀뜨라의 중심과 일치한다. 그리고 얀뜨라의 중심으로부터 수직으로 그려진 가상의 선은 건물의 꼭대기로 향한다. 유사하게, 만달라의 네 모퉁이에 있는 네 개의 작은 연꽃은 사원의 지붕을 지지하는 네 개의 기둥과 대응한다.

주요 사원에 인접한, 의례를 위한 집회장(Nat-Mandir)으로 사용되는 구조물은 9개 행성 얀뜨라(나바그라하Navagraha 얀뜨라)에 기초를 두고 있다.

수리야가 행성들의 주인으로서, 그의 숭배는 항상 천체와 태양의 변화에 대한 숭배와 함께 이루어진다.

그 얀뜨라는 중심에 수리야 신이 위치하고 행성의 신격에 의해 관장되는 각각의 구획인 9 단위의 정사각형 격자이다. 나트-만디르는 9개의 같은 정사각형 구획으로 나누어진 의식 집회장의 기단위에 올린 얀뜨라의 건축적 복제품이다. 9개의 부분은 각각이 하나 이상의

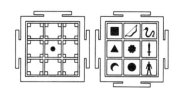

Konarak안에 Nat-Mandir의 평면도(좌), Navagraha 또는 아홉 행성의 얀뜨라의 분할과 상응한다(우). 얀뜨라의 상징은 사각형은 금성, 활은 수성, 뱀은 께뚜(달의 하강 교점; Ketu), 삼각형은 화성, 가운데 연꽃은 태양, 검은 라후(달의 상승 교점; Rahu), 초생달은 달, 원은 목성, 사람은 토성을 나타낸다. Mandala Sarvasva

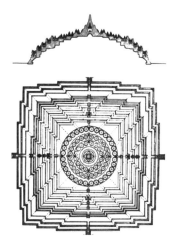

슈리 얀뜨라의 개념에 기초한 Barabadur 스투빠(탑)의 평면도와 층면

정사각형의 모퉁이에 서있는 16개의 엄청난 기둥이 생겨난다.

수리야의 운반할 수 있는 이미지가 제단의 중심에 놓여있을 때, 얀뜨라에서 수리야에 할당된 장소와 대응하여 나트-만디르는 매일마다 의식에 사용되었다. 그리고 떠오르는 태양의 광선이 비치는 새벽에 경배된다.

돌 만달라(Stone Mandala)

얀뜨라와 건축물의 관계는 특히 '돌안에 있는 만달라'로 불리는 유물에서 특히 가깝다. 적절한 예는 인도네시아에 있는 불교 바라바두르 스투빠(Barabadur Stupa, 8세기)이다. 그것은 계단식 산 모양처럼 건축되어 슈리 얀뜨라의 아홉 서킷에 대응하는 아홉 층을 가진다.

네 개의 출입구와 다섯 개의 벽 안에 있는 테라스를 포함하는 정사각형 기초 위에 건축되었으며, 그것은 셀 수 없을 정도의 많은 부처의 이미지를 가진 세 개의 순환하는 구조물이다. 끝으로 아홉째 층은 궁극의 부처 영역인 불탑 끝에 얹어져 있다. 슈리 얀뜨라는 산의 모양을 하고 있는 것처럼 그것 자체로 본래 삼차원이다. 그리고 얀뜨라와 불탑은 함께 신화적 '세상-산'인 메루(Meru)산의 우주론적인 도식을 나타낸다. 폴 무스(Paul Mus)가 그의 바라바두르 연구에서 설명했듯이, 사원의 내부 디자인은 슈리 얀뜨라의 설명을 통하여 가장 잘 이해될 수 있다. [9]

얀뜨라와 같은 바라바두르 불탑은 영적 순례의 장소로 여겨진다. 불탑에서 여정은 네 개의 출입구 중 하나에서 시작한다. 그리고 가장 낮은 계단을 통하여 계속된다. 사원에는 욕망과 환영의 세계를 나타내는 불교 전설이 부

75, 76. 수행자의 모든 발걸음은 영적 목적에 가까워지는 것이다. 서뱅갈 지방의 고대 감실안에 건조된 피라미드형의 아홉 개의 상승 단계(15세기경) 가장 정점에 여신의 신성한 자리(Pitha-sthana)가 있다. 슈리 얀뜨라의 피라미드 형상(좌)과 스투빠의 건축물이 유사한 이미지를 가진다. 각기 기초가 되는 물질적 단계로부터 빈두 또는 정점의 영적 단계로 명상의 여정을 위해 사용된다. 라자스탄, 19세기경. 청동

조로 표현된다.

　순례자는 하늘로 열려진 윗 테라스의 나선을 따라 이동함으로써, 물질 세계에서 영적 세계로 변화되어 부처 이미지는 더욱 더 추상적이 된다. 그것은 슈리 얀뜨라위에서 명상하는 동안에 물질에서 영성으로 이동하는 수행자의 여정과 유사하다. 더 낮고 가장 바깥의 단계에서 정점 또는 빈두로 불리는 중심으로까지 이동은 물질의 세계로부터 사고를 넘어선 세계로 이동한다.

77-80. 명상을 위한 얀뜨라. 각각의 시각적 형상은 심리학적인 도식으로 보여질 수 있다. 외부의 문은 사람들의 의식의 문이다. 연꽃잎은 영적 개화, 내면의 기하학적 형상은 영적 상승의 단계, 빈두는 가장 깊은 곳의 참나를 표현한다. 네팔, 1761. 종이위에 구아슈 물감

81. 명상에 사용되는 Guhya-Kali Yantra 행운의 상징을 같이 그려진 깔리 여신의 아홉 가지 비의적인 모습들 중 하나인 힘-다이어그램, 네팔, 1761년경

82. 오컬트 얀뜨라. 이 아그니 얀뜨라(중심)은 의례로 바쳐진 헌신물을 완전히 태워버리는 불의 신(아그니Agni)에게
바쳐진 것이다. 이 얀뜨라는 자연의 힘을 초월한 인간에게 연결된 힘의 상징이다. 윗부분 좌에서 우로 누군가의 적
을 무력화시키고, 가족을 복종시키거나, 누군가에 마법을 걸거나, 행운을 주는 딴뜨라의 마법적인 의례를 위한 다
이어그램이다. 아래 좌에서 우로 누군가의 통제 아래 타인을 두거나, 자손을 안전하게 하고, 누군가의 남편을 유혹
하거나, 타인을 무력하게 하거나, 보호를 하기 위한 얀뜨라이다. Madhubani(Mithila), 북 비하르주, 전통적 형태에서
이미지를 가져옴. 종이위에 잉크와 채색

8. 오컬트 얀뜨라 Occult Yantra

주술적 주문, 예언과 신들의 분노를 달래는 의식과 관련된 얀뜨라는 작은 규모나 딴뜨라의 신비한 상징 중 유의미한 부류이다. 가지각색의 요소들을 통합한 딴뜨리즘은 신비적 의식, 주술적 방어 및 위로 의례와 함께, 지속적으로 요가 수련의 핵심이 되었다. 요가의 영적 수련은 자연적 상태를 초월한 신비로운 상태에 도달하기 위해서 숨겨진 영적 근원을 통해 요가 수행자에게 힘을 불어넣는다.

예를 들어, 요가수행자는 커질 수도 작아질 수도 있고, 혹은 가볍거나 무거워질 수 있고, 자신의 의지대로 먼 거리를 이동할 수 있거나 빛보다 빠른 속도로 여행할 수 있고, 죽음을 부를 수도 있고, 남자/여자/동물의 몸에 들어갈 수 있고, 자신의 몸으로 다시 복귀할 수도 있다. 요가수행자가 발달시킨 감각들은 몹시 미묘하여, 요가 수행자는 먼 세계를 방문하지 않아도 그곳에 대한 지식을 얻을 수 있다.

심오한 오컬트의 가장 두드러지는 근원 중 하나는 바로 성(聖) 나타(Natha)의 딴뜨라적 요가 교파인데, 이는 서기 7세기 인도에서 비롯되었다. 나타교도는 의지대로 신체를 복제하거나, 죽은자를 되살리거나, 공기를 통한 여행 등 과학적으로 설명될 수 없는 행위와 영적 신비주의를 결합한 것이다. 전통적으로, 이들은 아사나(요가 자세), 호흡법, 금욕적 규율을 통해 연금술의 힘과 치유력을 얻었다.

밀교적 오컬트는 시각적 형상(얀뜨라)과 신비적인 주문(만뜨라)와 같은 다양한 비물질적 보조물을 사용한다. 그것은 그 지방 고유의 토착적인 영성에서 자극을 받는다. 힌두 오컬티즘은 아타르바(Atharva) 베다(기원전 1000년경)로 거슬러 올라갈 수 있다. 그것은 초기 인도의 비(非)아리아 전통을 보존하고 주술적으로 신들을 달래는 고대 의식서이다.

일반적으로, 주술적 제식의 모든 이론들은 부적, 마법, 주문에 의해 변형될 수 있거나 신성화될 수 있는 마법적 능력이 있다는 믿음이 남아 있다. 아타르바 베다는 제의 형태의 두 가지 방법을 제시한다. 첫째, 자비로운 자는 베다에서 유래한 현자의 이름을 따서 '아타르반(atharvan)'이라 불린다. 그리고 둘째, 재앙을 일으키는 자는 다른 현자의 이름을 따서 '안기리스(angiris)'라 불린다. 어떤 학자들은 이 근원 아래에 묘사된 '여섯 가지 제식'의 모순을 조사하였다.

오컬트 얀뜨라는 실제의 적용과 실리를 목적으로 한 결과를 통해 다른 힘-다이어그램과 구별된다. 주된 목적은 긍정적이거나 부정적인 결과에 대해 자연의 힘을 통제하기 위함이

신성한 힘을 주고 능변을 위한 재능을 증가시키는 만주-고사(Manju-Ghosa) 얀뜨라. Tantrasara

부적으로 써서 금판위에 새겨진 병을 고치는 얀
뜨라. 순다리아라하리 출전

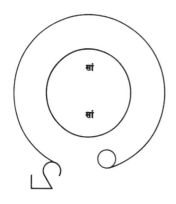

45일 동안 의례로 숭배되었을 때 질병을 낳게 한
다고 믿는 오컬트 얀뜨라. 순다리아라하리 출전

다. 하지만 영적인 목적보다 오히려 세속적인
성취만이 추구되지만 특별히 종교적이지도
않으며, 현실의 세속적인 노력에 의해 쉽게 달
성할 수 있는 것은 아니다. 실제적인 주술로,
오컬트 얀뜨라는 인도의 서민적 삶에서 중요
한 역할을 해왔고 살아있는 전통으로 남아있
다.

오컬트 얀뜨라와 관련된 실행은 비밀리에
보호되고, 그들의 지식은 특별히 마을 공동체
에서 사제와 지도자에게 한정된다. '예술'로서
얀뜨라의 보급이 제한되는 이런 비밀에도 불
구하고, 많은 다이어그램이 널리 알려져 있다.
수많은 얀뜨라가 그려지고 딴뜨라와 다른 여
러 문헌에서 논의된다. 금이나 은이나 동으로
된 정사각형이나 타원형의 얇은 금속판은 종
종 비결의 다이어그램과 만뜨라가 새겨진다.
그리고 유사한 다이어그램은 부적으로 들고
다닐 수 있게 종이에 그려진다.

어떤 오컬트 얀뜨라는 모퉁이에 쉬바의 삼
지창이 있는 선으로 된 구역으로 표현된다. 얀
뜨라의 선은 완벽한 대칭과 공간의 총체적인
조직화를 만들기 위해 사용된다. 하지만 보통
오컬트 얀뜨라의 솟아오르듯이 상승하는 선
의 궤도는 공간에서 선의 움직임을 궤도를 벗

어나게 해서 만들어진다. 선(riju-rekha)은 '우주적 긴장'의 생산물이고 움직임, 유동, 성장을 암시한다. 가장 전통적으로, 이 얀뜨라는 눈에 보이지 않는 근원 주위에 나선으로 나타난다. 그래서 미묘한 신체의 에너지인 감겨 있는 꾼달리니 샥띠(Kundalini Śakti)와 관련된다. 다른 오컬트 얀뜨라의 형태들은 꾸불거리는 통로를 따라가는 곡선이나 소용돌이의 형태이다. 또는 타원형을 가로지르거나 공간을 해체시키는 지도와 같은 모양이다.

오컬트 형상은 판에 박힌 모양이 아니라 끝없는 전승 안에 있다. 각각의 영역은 오컬트적 숙달을 위해 사용되고 통제되며, 선으로 구획된 주술적 영역이다. 각 모양은 하늘과 땅 사이에서 일어나는 초자연적 힘을 서로 나누기 위한 수단이다.

기호와 다이어그램의 형태와 기능은 사람의 필요와 목적에 따라 다양하고 개별적이다. 그리고, 얀뜨라가 이룰 수 없는 소원은 존재하지 않는다고 주장한다. 그들은 재난을 막기 위해, 귀신을 쫓거나, 부와 지식을 얻기 위해, 신체적 매력을 증강하기 위해, 소원하게 된 애정을 되돌리기 위해, 자식을 낳고 계획을 성취하기 위해, 공동체의 세력과 안전한 조화를 위해 행운의 부적이나 예방적 치료제로 사용한다.

8세기 산스끄리뜨로 적힌 순다리아라하리(Saundaryalahari)는 103개의 얀뜨라를 언급하고 그에 따른 제식 규정을 제공한다. 예를 들어서, 질병이나 금전적 채무 등에서 해방을 주기 위한 얀뜨라는 중심에 새겨진 씨앗 만뜨라인 Stram으로 원을 이룬다고 알려져 있다. 이 얀뜨라는 욕망하는 결과를 얻기 위해서 3000번의 비밀스러운 주문을 암송함으로 30일 동안 신성화되기 위한 것이다. 다른 문헌에서, 얀뜨라찐따마니(Yantracintamani '생각 보석')는 단독으로 80개의 오컬트 얀뜨라에 소개된다. 그것은 의식적이거나 무의식적인 모든 욕망을 들어준다. 카마라트나(Kamaratna) 딴뜨라는 또 다른 오컬트 문헌이다. 그것은 많은 오컬트 얀뜨라와 그에 따른 제식을 소개한다.

다라나(Dharana) 얀뜨라

가장 유명한 신비적인 얀뜨라 중 하나는 다라나 얀뜨라이다. 산스끄리뜨 단어인 다라나는 저장소를 보호하고, 점유하고, 유지하고, 나르는 것을 의미한다. 사제가 생명을 주는 의식(life-giving ceremony)을 통해서 얀뜨라를 신성하게 한 후에 수행자에게 보호를 위해서 적혀진 얀뜨라가 제공된다. 때때로 높은 경지에 오른 사제는 얀뜨라의 효능을 증가시키기 위해서 얀뜨라 위에 숨을 내쉰다. 그러한 행동은 상징적으로 신성한 실재로의 다이어그램의 변모를 나타낸다. 어떤 상징적 제식(4장 참고)에 의해, 이 얀뜨라에는 영구적으로 영적 힘이 스며든다. 특별한 다라나 얀뜨라는 개개인의 필요에 따라서 선택된다.

얀뜨라가 개인과 적합한지를 확신하는 방법 중의 하나가 얀뜨라에 새겨진 씨앗 만뜨라와 청원자의 이름의 첫 번째 글자와 조화를 이루는 것이다.[1] 전통적 방식으로 배열되고 각각의 '집(house)'이 다른 조합으로 이루어진, 산스끄리뜨 알파벳의 문자가 새겨진 12개의 '집'으로, 아까담(Akadam) 짜끄라로 불리는 다이어그램이 그려진다. 인간을 위한 '진정한' 얀뜨라는 그의 이름의 첫 번째 글자에 맞는 집과 의도된 얀뜨라의 씨앗 만뜨라의 첫 번째 글자와 짝이 되는 것에 의해 발견될 수 있다. 만약 짝이 되는 것이 3, 7, 11번째 집이라면, 얀뜨라의 만뜨라는 유익하다고 생각된다. 그리고 만약 2, 6, 10번째 집이라면, 그것은 불길하다. 만약 4, 8, 12번째 집이라면, 잠재적으로 파멸을 초래할 수 있다.

The Dhāraṇ
as a talisma

부적으로 그려진 여신 뜨바리따Tvarita의 다라나Dharana 얀뜨라. 딴뜨라사라Tantrasara

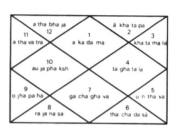

신비한 음절이 음역되어 적힌 아까담Akadam 짜끄라.
글자의 배열은 특정한 개인을 위해 적합한 얀뜨라를
결정하여 사용된다.

두려움을 물리치고, 질병을 낮게 하고 행운과
명성을 가져오는 쉬바의 므리툰자야Mritunujaya
얀뜨라. 딴뜨라사라Tantrasara

모든 유익하고 상서로운 크리슈나 다라나
Krishna Dharana 얀뜨라. 딴뜨라사라Tantrasara

오컬트 얀뜨라는 종종 상징적으로 얀뜨라
안에서 기원되는 신들로부터 힘을 끌어온다.
딴뜨라사라(Tantrasara) [2] 는 부적으로 금속 위에
새겨질 때 여신 트바리타(Tvarita)의 다라나 얀뜨
라가 부정적 세력의 나쁜 결과를 경감시키고,
적을 정복할 것이라고 말한다. 아홉 신의 샥띠
무리에 의해 둘러싸인 여신 두르가의 나바-두
르가(Nava-Durga)로 불리는 다라나 얀뜨라는, 팔
이나 목 둘레에 실로 묶여있을 때, 질병으로부
터 예방한다. 그리고 여신 락슈미(Lakshmi)의 얀
뜨라는 명성과 부를 주고, 모든 위험과 근심을
없앤다.

비슷하게 크리슈나 다라나 얀뜨라는 모든
것에 유익하다고 한다. 그리고 여신 뜨리뿌라-
순다리(Tripura-Sundari)의 얀뜨라는 신체적인 매
력과 아름다움을 준다. 또 쉬바의 다른 이름인
므리툰자야(Mritunujaya) 다라나 얀뜨라는 구도

자에게 질병을 치유하고 두려움과 고통을 이겨내고 행운과 명성을 가져다 준다고 알려져 있다.

많은 초자연적인 얀뜨라의 재료인 금속은 특별한 행성에서 그 힘을 얻는다고 전해진다. 즉 '달의 파편'인 은은 발열을 달래고 신경을 차분하게 하고 달로부터 강력한 힘을 얻는다고 알려졌다. 구리는 화성으로부터 힘을 이끌어내고, 구리 다라나 얀뜨라는 치유하는 힘을 가지고 있다. '태양의 조각'이라 부르는 금은 사트바(균형, 진실, 순수함)의 완벽한 구현이라 여겨지고, 보호와 좋은 행운을 준다.

출산 동안 집중하기 위해 사용되는 미로 패턴의 짜끄라-브유하Chakra-vyuha

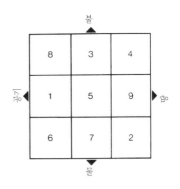

신비한 숫자 15에 기초한 주술적인 사각형

치료와 예방의 얀뜨라

치유로써 이용되는 어떤 얀뜨라는 괴로움을 당하는 사람의 몸에 직접 그려진다. 이러한 실행은 북인도 비하르(Bihar)주의 고대 왕국인 미틸라(Mithila)의 '치료자(Ojhas)' 사이에 광범위하게 나타난다. 전갈에게 물렸을 때, 적절한 만뜨라가 불려지는 동안, 또 한편으로는 얀뜨라를 뾰족한 철막대로 상처 주위에 그린다. 물린

자국은 얀뜨라의 빈두와 같이 된다. 독이 중화되고 환자가 회복될 때까지, 얀뜨라 그리기는 물린 곳 주위에 수학적인 비율에 따라 반복된다. 뱀에게 물렸을 경우 얀뜨라는 철필 끝으로 중심에 원을 그린다. 그리고 이를 통해 신체에 독이 퍼지는 것을 막는다고 생각한다.

끝에만 단 하나의 출구가 있는 미로와 같은, 짜끄라 브유하(Chakra-vyuha)라 불리는 선형의 자궁-형태 얀뜨라는 쉽게 분만할 수 있도록 사용되었다. 적당한 시간에, 얀뜨라는 오컬트 사제에 의해 사용된다. 그는 정신적으로 여성을 격려해서 얀뜨라의 통로로 들어가도록 하고 입구로부터 돌아서 지그재그 길을 따라 가게 한다. 제식의 오컬트적 중요성은 별개로 하더라도, 얀뜨라를 통한 정신적 '걷기'는 그녀의 자궁을 순행하게 하고 출산을 조력하기 위한 정신적 힘을 사용하게 도와준다.

수학적 연쇄에 근거한 오컬트 얀뜨라의 형태는 '주술적 정사각형'[3]이다. 딴뜨라에서 이것은 신비한 속성을 가지고 있기 때문에, 그런 정사각형은 종종 얀뜨라로 언급된다. 주술적 정사각형은 일반적으로 더해지는 방향이 어떻든간에 숫자의 합이 항상 같도록 나열된 체스판 모양이다. 주술적 사각형의 주요한 원리 중 하나는 수학 논문, 가니따 까우무디(Ganita Kaumudi; 기원전1356)에 있다. 그것의 모든 장은 홀수나 짝수의 칸으로 이러한 정사각형의 구성을 논한다.

전부 유익하다고 알려진 주술의 정사각형의 가장 단순한 형태는 숫자 15의 주술 힘에 근거한다. 이 얀뜨라에서, 숫자 1~9까지는 9개의 숫자들이 9개의 정사각형 안에 규정에 따라 배열된다. 4개의 사각형은 그 원소들을 나타낸다. 감기 치료를 위해서, 그 숫자들은 '불 정사각형'에서 시작하여 적는다. 그리고 열을 치료하기 위해서는 '물 정사각형'에서 적는다. 먼 지역에 있는 사람이 빨리 돌아오게 하기 위해서는 '공기 정사각형'에서 적는다. 만약 얀

뜨라를 샌들나무 풀이나 샤프란으로 종이 위에 써서 부적으로 지니고 다닌
다면 주술적 효과는 더 확실할 것이라고 믿었다.

주술의 '여섯 가지 의례'(The magical 'six rites')

한결같이 유익한 다라나 얀뜨라와 대조적으로, 정반대의 딴뜨라 개념은
여섯 가지 주술의 의례(Satkarma)와 관련된 얀뜨라에 내포되어 있다. 첫 번째 의
례인 평화를 주는 샨띠(Shanti)는 다른 5가지의 재앙을 일으키는 나쁜 영향을
몰아낸다.

첫째, 샨띠 의례와 얀뜨라는 행성과 저주의 나쁜 영향으로부터 보호하고
질병을 치유하고 두려움을 없앤다. 둘째, 바쉬까라나(Vashikarana)는 남자, 여자,
신, 동물을 매혹시키고 통제하는 힘을 주고, 그들을 통해 성취된 욕망을 가
진다. 셋째, 스땀바나(Stambhana)는 다른 사람의 행위를 막고 억제하는 힘을 준
다. 넷째, 비드베사나(Vidvesana)는 친구, 친척, 사랑하는 사람을 분리하는 힘을
준다. 다섯째, 우카딴(Uccatan)은 전멸시키기 위한 힘을 준다. 여섯째, 마라나
(Marana)는 상대를 죽일 수 있는 힘을 준다.

그 의례는 교리의 토대를 제공하며, 신격, 방향, 만뜨라, 원소들, 색깔의 상
징적 조합을 만든다. 그리고 딴뜨라의 문헌은 때때로 입문자에게 영적 추구
를 방해하는 것으로 재앙을 일으키는 얀뜨라가 주는 위험을 알린다. 파괴에
사용된 힘은 피해진다.

행성의 부정적인 측면을 극복하고 적을 파괴
하기 위해 의도된 나라싱하-다라나narasimha-
dharana 얀뜨라. Tantrasara

의례	신격	방향	원소	씨앗만뜨라	색
샨띠까르마	Rati	NE	물	Ram	흰색
바쉬까라나	Vani	N	불	Ram	붉은색
스탐브하나	Rama	E	땅	Lam	노랑색
비드베사나	Jestha	SW	에테르	Ham	혼합색
우카탄	Durga	SE	공기	Yam	검은색
마라나	Bhadrakali	SE	불	-	잿빛(회색)

이러한 얀뜨라의 활용은 영성의 낮은 형태로 여겨진다. 그리고 딴뜨라의
문헌[4]은 오컬트 얀뜨라 유형의 수행은 결코 깨달음의 수단이 될 수 없고, 어
떤 형태의 영적 성취에도 직접적인 방해물이 된다고 주장한다.

230

부를 주고 생명을 연장하는 쉬바-다라나 얀뜨
라. Tantrasara

오컬트 얀뜨라의 활성화

오컬트 얀뜨라의 효과성은 구루, 사제 혹은 얀뜨라와 얀뜨라의 신성화에
관련된 의례를 수행하는 어떤 사람이든 그들의 자신의 영적 힘에 달려있다.
그 힘은 비전의 실행에 관한 지식, 고행(tapas), 그리고 도덕성에 의존한다.

얀뜨라찐따마니는 이러한 의례를 수행하는 사람은 믿음을 가져야 한다
고 주장한다. 믿음이 부족하기 때문에, 얀뜨라의 효과는 줄어들 뿐 아니라 의
도된 것과 정반대의 효과를 갖게 될 것이다.

얀뜨라찐따마니에 따르면,[5] 얀뜨라를 신성하게 하기 위해서 의식을 집행
하는 자는 순수한 마음을 가지고 외딴 곳에서 얀뜨라를 그려야 한다. 그 다음
3일 동안 맨땅위에서 자면서 금욕하고 적절한 신비적 주술을 통해 얀뜨라를
신성하게 해야 한다. 이렇게 지내는 3일 동안에 그가 꿈을 꾼다면 얀뜨라의
효능이 예측될 수도 있다. 즉 어떤 꿈은 얀뜨라의 희망하는 결과를 성취하는

예고가 된다. 희망하는 결과를 획득하기 위한 힘(siddhi)의 존재를 암시하는 행운의 꿈은 여자와 결합하는 꿈, 산꼭대기 위나 왕궁에서의 향락의 꿈, 코끼리가 행진하는 꿈, 여자가 춤추고 노래 부르는 꿈, 축제의 기쁨과 관련된 꿈이다. 어떤 불길한 표시는 검은 병사, 무질서 상태, 불/물/공기로부터 재앙, 친구의 죽음을 보는 것이다.[6]

얀뜨라의 힘은 종종 대용물 또는 상징에 매여 있다. 질병을 치유할 때, 치유하기 위한 힘은 돌과 같은 생명이 없는 대상으로 힘을 옮겨서 주술적 얀뜨라와 만뜨라를 통해 전해진다. 일반적으로, 얀뜨라가 해를 끼치거나 이익을 주는 사람의 이름이 얀뜨라의 중앙에 새겨진다. 그 이름이나 이름 음절의 일부는 만뜨라의 처음, 중간 혹은 끝에 포함된다. 그리고 성공이나 행운을 주는 얀뜨라의 경우에, 만뜨라는 이름의 각 음절 뒤에 덧붙여진다. 만약 얀뜨라가 다른 사람을 유혹하는 것을 의도한다면, 그 사람의 이름의 두 음절에 따라 만뜨라의 두 가지 소리가 읊조려진다.[7]

흑주술의 의례에서, 힘의 전달은 '모방의 원리', 즉 욕망하는 사건을 행함으로 이루어진다. 그러므로 작은 형상을 만들 때 가능한 그가 서있는 자리 가까운 곳에서 취한 흙으로 만들어 질 것이다. 그리고 재앙을 일으키는 악한 얀뜨라에 둘러싸여 바쳐질 것이다.[8] 때때로, 얀뜨라는 교차로 즉, 상징적으로 세계축(mundi)에 바쳐질 수도 있다. 그리고 교차로의 얀뜨라에 개인이 가진 고통을 전달하여 두면 그 위를 밟은 사람에게 이동된다는 희망에서 밤을 지새울 것이다.

아이를 낳기 원하는 여자에 의해 아이들의 여신 발라데비Baladevi에게 봉헌된 성스러운 장소의 벽에 그려진 얀뜨라.

83-86. 네 가지 오컬트 얀뜨라. 풍성함과 행운을 가져오는 슈리 여신의 얀뜨라. 사람들은 욕망을 성취하기 위해서 그녀의 얀뜨라에 기원드린다(상단 좌측). 팔이나 목에 부적으로 감고 있으면 대재앙으로부터 보호해주는 젊은 처녀로서 여신에 헌신 드리기 위한 발라다라나Baladharana 얀뜨라(상단 우측).

반단목샤-까라나Bandhanmoksha-Karana 얀뜨라 사악한 눈, 고통, 질병에서 해방을 주는 부적. 얼굴 둘레에 두른 사각 띠는 부정적인 동요나 영혼을 위협하여 쫓아버린다(하 좌측). 하단 우측은 활력적인 삶을 연장시켜주거나 불사를 주는 얀뜨라. 마두바니Madhubani(Mithila) 북비하르주, 전통에 기초한 현대적 이미지. 종이위에 잉크

주술적 의례의 사용과 오컬트 얀뜨라는 특히 인도의 지역사회에 존속되었다. 다양한 얀뜨라와 행운의 표시는 오두막의 바닥과 진흙 벽에 그려진 것이 발견된다. 그것들은 결코 장식적인 목적을 위해 사용되지 않지만, 악의 영향과 적대적인 영혼을 막고 보호하고 치유하기 위해서 응용된다. 어떤 '민속' 얀뜨라의 흥미로운 예는 숫자 5와 관련된다. 그것은 다섯 가지 원소의 힘으로부터 나오는 주술적 효력을 가지고 있다. 그것은 일반적으로 입구나 문지방에 다섯 개의 점이나 손을 떼지 않고 만든 오각형이 그려진다.

서인도의 부족 공동체인, 빌스(Bhils)는 악의 눈을 내쫓기 위해 오두막 외벽을 둘러싸는 다섯 개의 평행선을 그렸다. 그리고 손바닥-자국(hastakara-yantra), 등변삼각형과 만자(swastika)는 위험과 재앙을 막고 악의 눈이 끼치는 힘을 차단하기 위해 사용되었다. 램프에서 생기는 검댕이 악의 힘에 대한 방어 수단으로 여겨지는 반면에, 흙의 빨강색과 심황가루의 노란색은 일반적으로 상서로운 색으로 사용된다.

오컬트 얀뜨라의 증명된 효과는 심리적인 용어로 설명될 수 있다. 부적으로서 얀뜨라를 지니고 있는 개인에게 그 다이어그램은 내적인 초점의 포인트가 된다. 그것은 힘이 나타나는 신체의 성스러운 지점을 표시한다. 그는 다이어그램의 상징적인 힘으로 완전한 존재임을 확인할지도 모른다. 그는 다이어그램안에서 그와 함께 내재하는 신의 '현존'으로 신비로운 우주의 성스러운 힘의 완전한 구현이라고 믿는다. 궁극적으로 얀뜨라의 경험적인 효능은 그의 의지의 힘, 믿음을 통해 얻게 된다.

반면, 얀뜨라의 성취자는 오컬트 비전을 위해 또 다른 해석을 제공한다. 예를 들어, 타밀의 성취자는 질적으로 다른 반물질의 다른 우주가 있다는 믿음을 주장함으로 현대 과학자와 같이 '게임'의 한 종류로 주술의 효용을 설명했다. 만뜨라 찬송으로 원자를 재배열함으로, 자연의 어떤 과정도 인간에 의해 통제될 수 있다고 믿는다.

얀뜨라의 성취자가 접근했고, 현대인이 새로 발견하려고 하는 우주의 또 다른 차원은 곧 드러날 것이다.

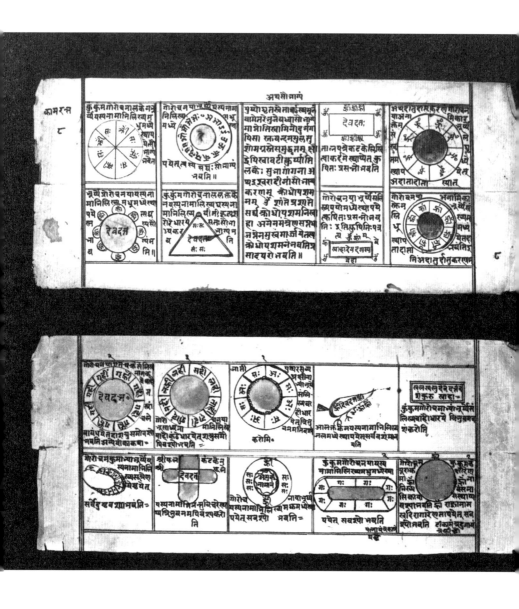

87, 88. 비의적 얀뜨라(상)는 저주의 영향을 헛되게 하고, 분노가 사라지고 행운을 가져오기 위한 것이고, 아래는 악을 행하는 자나 적을 정복하거나 땅, 하늘, 대기의 세 공간에 대한 힘을 사람의 통제 아래 두기 위한 것이다. 까마라 뜨나Kamaratna 딴뜨라, 라자스탄, 18세기경. 종이위에 잉크와 채색

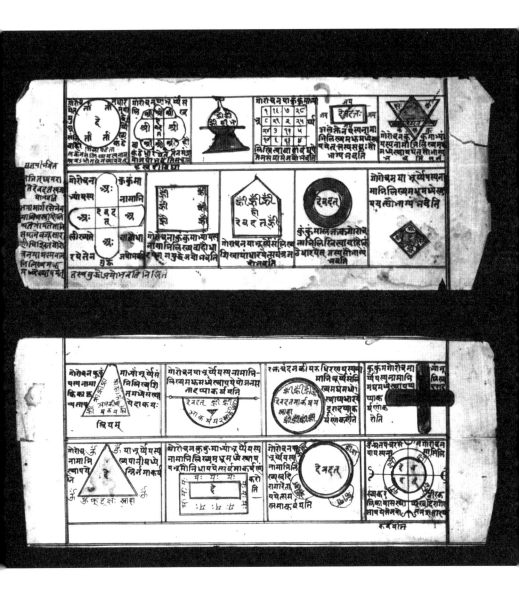

89, 90. 악한 영혼과 위험에 대항하여 안전을 지키기 위한 부적으로 사용하거나 적합한 만뜨라를 음송하면서 붉은
색 또는 노란색으로 종이 또는 바닥 위에 그려졌을 때 자연의 악한 세력을 정복하기 위해 의도된 비밀의 얀뜨라
(상). 멀어지는 상대편 이성을 홀리거나 매혹하기 위한 얀뜨라(하) 까마라뜨나 딴뜨라, 라자스탄, 18세기경. 종이위
에 잉크와 채색

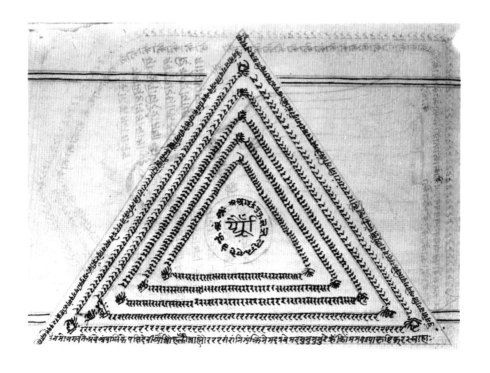

91. 비입문자로부터 얀뜨라의 의미를 비밀로 하기 위하여 비밀스러운 만뜨라 음절로 작성된 타인을 복종시키기 위한 얀뜨라

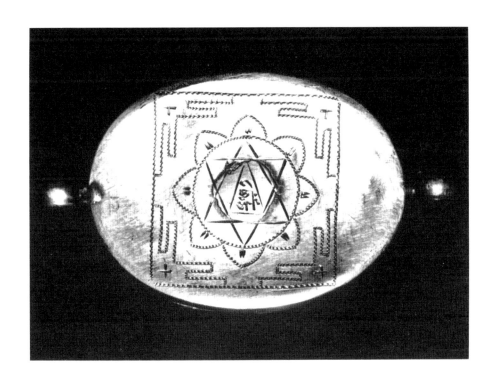

92. 달의 파편이라고 여겨지는 은에 새겨진 마하비디야 바갈라-묵키Mahavidya Bagala-mukhi의 얀뜨라. 행복한 삶을 촉진하고 보호하기 위해 목과 팔에 두르는 부적. 캘커타. 전통적 형태에 기초한 현대적 이미지

93. 주술적 숙련을 위해 밤에 숭배된 여신의 얀뜨라. 마두바니Madhubani(Mithila) 북비하르주, 전통에 기초한 현대적 이미지. 종이위에 잉크

94. 땅, 에테르, 물, 불, 공기의 다섯 원소를 상징화한 마법적 오각형을 가진 샤얌-깔리Shyam-Kali 얀뜨라. 행운을 위하여, 악, 죄, 파괴로부터 보호자로서 생명을 부여한다. 라자스탄, 18세기경. 종이 위에 구아슈 물감

95. 빈두. 기원과 회귀의 성스런 점, 우주적인 전개와 쇠퇴의 영원한 순환을 상징하는 동심원을 가진다. 수행자의 목표는 정신-우주적 통합의 궁극으로서 점 즉, 중심으로 그 자신이 흡수되는 것이다. 전체와 함께하는 연결이 나타난다. Andhra Pradesh, 19세기경. 나무

각주

1. 서론

1 예를 들면, 꿀라르나바Kularnava 딴뜨라(10, 109)에서, 얀뜨라 없이 숭배가 수행된다면, 신이 기뻐하지 않는다. 혹은 Silpa-prakasa (II, V 504)의 경우, "봉헌 없이 까마깔라Kamakala 에게 제물을 바치면 샥띠 뿌자와 사다나는 무용지물이 된다. 혹은 간다르바 Gandharva 딴뜨라, 제1장, v, v. 1 참조.

2 딴뜨라 샹히타 (Gopinath Kaviraj) 40-41쪽 참조.

3 같은 책의 532-5쪽에 얀뜨라에 대한 여러 편의 미발표 원고가 나열된다.

4 M. Monier Williams, 산스크리트-영어 사전, 845쪽.

5 바스투사스트라 Vastusastra (D.N. Sukia), 372쪽. 참고문헌을 참조.

6 사라스와티 쁘라티야가트마난다 Saraswati Pratyagatmananda, Japa Sutram, 110쪽.

7 사운다리야라하리 Saundaryalahari, V 11 및 랄리따사하스라나마 Lalitasahasranama, 996쪽.

8 Myth, Cult and Symbols in Sakta Hinduism, Wendell Charles Beaned 저, 206쪽.

9 The Two and the One, Mircea Eliade 저, 204쪽.

10 딴뜨라자 Tantraja에 기반한 계산, 제19장.

11 베다 만달라, Rigveda-Brahmakarmasamuccya(Nirnayasagar Press 참조, 봄베이, 6판, 1936), P.V. Kane, P. V. Kane 저 다마사스트라Dharmasastra의 역사, Vol. V, Part II, 1184쪽에 인용,

12 불교 만달라는 내포된 복잡한 상징 때문에 개별 연구 대상이 된다. G. Tucci, 만달라의 이론 및 실제 The Theory and Practice of the Mandara 참조; 구히아사마자(Guhyasamaja) 딴뜨라 및 니스판나요가발리(Nispannayogavali) 참조; 슈리 얀뜨라에 대한 불교 명상에 대해서는, 슈리짜끄라샴바라Srichakrasambhara 딴뜨라 참조.

13 자이나(Jain)교 얀뜨라에 대해서는, M.B. Jhavery의 바이라바 빠드마바띠깔빠Bhairava Padmavatikalpa, 만뜨라사스뜨라Mantrasastra에 대한 비교 및 비평연구, 리시(Rishi) 만달라 얀뜨라 뿌자를 참조.

14 점성술적 얀뜨라의 근원 중 하나는 브리구-삼비따Bhrigu-Sambita이다.

15 만달라 이론 및 실제 The Theory and Practice of the Mandara, G. Tucci 저, 140쪽에 인용된 원문, Abhinavagupta, Tantrasara

16 Obscure Religious Cults, S.R. Dasgupta 역, 140쪽에 인용된 원문.

17 간다르바(Gandharva) 딴뜨라. 까뿌라디스또뜨라Karpuradistotra, 64쪽에 번역되어 인용된 원문.

18 에고와 원형 Ego and Archetype, Edward F. Edinger 저, 109쪽에 인용.

2. 원형적 공간과 성스러운 소리

1 까마깔라빌라사(Kamakalavilasa), v. 21

2 영(zero)의 수학적 열거에 대해서는, 요가 아트 Yoga Art, Ajit Mookerjee저, 19-20쪽 및 철학사, 동양과 서양 Histroy of Philosophy, Eastern and Western, S.Radhakrishnan 편저, Vol I., 441-444 쪽 참조.

3 딴뜨라 전통 The Tantric Tradition, Agehananda Bharati 저, 102쪽 참조.

4 사라다띨라까 딴뜨라Saradatilaka Tantra, VII. 9-14 장 참조.

5 딴뜨라사라 Tantrasara, Vol. I, I,v장, 10-24 참조.

6 따라라하샤Tararahsya, III, V 장 137 참조.

7 바키야빠디얌Vakyapadiyam, v. 120.

8 인도의 영적 유산 The Spiritual Heritage of India, Swami Prabhavananda 역, 38쪽 참조.

9 The Quarterly Journal of the Mithic Society에 소개된 슈리비디아르나바 탄트라 Srividyarnava Tantra 참조.

10 비전의 리듬Rhythms of Vision, L. Blaire 저, 115쪽에 인용.

3. 얀뜨라의 형이상학

1 샥띠 및 샥따 Sakti and Sakta, 28-29쪽에 아서 아발론에 인용된 마하깔라 샹히타(Mahakala Samhita)

2 딴뜨리즘에서는 특유의 여성 신들 부분이 발달되어 온 것으로 보인다. The Quarterly Journal of the Mithic Society의 Srividyarnava Tantra의 도상학, S. Srikantha Sastri 저 참조.

3 데비(Devi)의 기원과 형식에 대해서는, 데비바가바타 뿌라나Devibhagavata Purana, Part Ⅱ, Chap. Ⅷ, Book Ⅴ, 376-8쪽 참조; 마하칸데야 뿌라나Markandeya Purana, 83, 10-34도 참조.

4 딴뜨라자(Tantraja) 딴뜨라, 샥띠샹가마(Saktisangama)–딴뜨라, 사라다띨라까(Saradatilaka) 딴뜨라 등.

5 예를 들면, 딴뜨라 샹히타(Tantric Sahitya)의 26-38쪽에 열 개의 마하비디야에 대한 원문과 미발표 원고가 인용돼 있다. 샥띠샹가마(Saktisangama) 딴뜨라 및 딴뜨라자 딴뜨라도 마찬가지다.

6 샥따 철학Sakta Philosophy, Radhakrishnan의 Gopinath Kaviraj, History of Philosophy, Eastern and Western철학사, 동양과 서양, Vol. I, 403쪽 참조. 같은 책에서 사이바와 샥따파(Saiva and Sakta School), 403쪽 참조.

7 David R. Kinsley저, 검과 플루트The Sworld and the Flute 참조.

8 마르칸데야 뿌라나(Markandeya Purana), 87, 5-23

9 까뿌라디스또뜨라Karpuradistotra, 26쪽 참조.

10 M. Monier-Williams, 브라만교와 힌두교Brahmanism and Hinduism, 186쪽 참조.

11 딴뜨라 샹히타(Tantric Sahitya), 26-39 쪽 참조.

12 니띠야 샥띠들의 다른 그룹, 그들이 가진 디아나, 만뜨라, 그리고 개별 얀뜨라에 대한 묘사, 샥띠샹가마-딴뜨라Saktisangama-Tantra(12,14장), 깔리-꿀라Kali-kula에 포함되는 것으로 추측

13 딴뜨라자 딴뜨라에 기반한 계산, 제25장.

14 슉스마가나(Suksmagana), Ⅵ, 8에 따르면, 링가는 쉬바의 통합 원리고, 샥띠는 실재의 칫(Cit) 또는 의식 측면에 해당한다. 예를 들어, Radhakrishan에서 Kumaraswamiji의 비라 사이비즘(Vira Saivism), 철학사, 동양과 서양History of Philosophy, Eastern and Western, Vol. I, 394쪽 참조.

15 쉬바 신화의 금욕주의와 에로티시즘Ascetism and Eroticisim in the Mythology of Siva, W. D.

O'Flaherty저, 257쪽에 인용된 마하바라따(Mahabharata), xxⅱ, 14, 233 참조.

16 Agehananda Bharati, 딴뜨라 전통The Tantric Tradition, 202쪽 참조.

17 깔리까 뿌라나(Kalika Purana), 66, 60-1. ("숭배"의 참고문헌 참조)

18 S.Shankarnarayanan, 슈리 짜끄라Sri Chakra, 63쪽에 인용된 원문 참조.

19 말리니비자요따라 딴뜨라 Malinivijayottara Tantra(Sri), Ⅲ장, Ⅴ.10-12.

20 아타르바 베다Atharva Veda, x, v. 31-4, 데바나가리 알파벳의 기원(The Origin of the Devanagari Alphabets), R. Shamasastry 역, 16쪽 참조. 신들의 난공불락의 도시는 여덟 개의 원과 아홉 개의 삼각형(dvara)으로 구성돼 있다. 이 안에는 빛이 깃들고 황금 세포 천체가 존재한다. 이 세포 내의 삼각형(tryanra)과 세 개의 점(tri-pratishthita) 안에는 하나의 눈이 존재한다. 브라흐만에 익숙한 이들은 이 눈이 아뜨만이라고 생각한다. 눈부시게 빛나는 이 난공불락의 도시에 브라흐만이 입성했기 때문이다.

21 슈리 비디아Sri Vidya의 다양한 숭배자에 대해서는, 딴뜨라 샹히타 Tantric Sahita, 29쪽 및 사운다리라하리Saundaryalahari의 21-22쪽 참조.

22 슈리 얀뜨라의 묘사가 포함된 몇 개의 주요 딴뜨라는 까마깔라빌라사Kamakalavilasa, v. 1-50; 딴뜨라자 딴뜨라, Chap. Ⅳ; 바바노빠니사드Bhavanopanisad, v. 1-30; 간다르바 딴뜨라Gandharva Tantra, Chap. b; 니띠야소다시까 Nityasodasika, Chaps, Ⅰ-Ⅳ; 요기니 흐리다야 Yogini Hrdaya, Ⅰ장; 뜨리뿌라따피니 우파니샤드Tripuratapini Upanishad, 제2권, Ⅴ.15-23 및 샥따 우파니샤드(Sakta Upanisad-s)의 제 3권, Ⅴ.13 참조.

23 바리바스야-라하스얌Varivasya-Rahasyam, 데바나가리 알파벳의 기원(The Origin of the Devanagari Alphabets), R. Shamasastry 역, 39쪽 참조.

24 바이라바-야말라 Bhairava-Yamala, 1-47, 뱀의 힘(The Serpent Power), Arthur Avalon 역, 145쪽 참조.

4. 얀뜨라의 역학 : 의례

1 Arthur Avalon, 샥띠 및 샥따 Sakti and Sakta, 250쪽 참조.

2 자야드라타-야말라Jayadratha-Yamala, 예를 들어, 인도 종교의 변화와 연속성 Change and Continuity in Indian Religion에서 J.Gonda가 인용한 원문, 443쪽 참조.

3 깔리까 뿌라나Kalika purana, 59쪽 참조.

4 얀뜨라 삼스까라빠디띠Yantra Samskarapaddhiti.

5 구체적인 장점과 관련하여 슈리 얀뜨라의 색채와 소재에 대해서는, 샥따 우파니샤드의 트리뿌라타피니우파니샤드Tripuratapini Upanishad, Ⅲ권. 13, 23쪽 참조.

5. 얀뜨라의 역학 : 명상

1 요가-수트라Yoga-sutra, 제1장, 39-40쪽 참조.

2 Arthur Avalon, 여신에 바치는 찬가Hymns to the Goddess, 94-6쪽 참조.

3 보다 상세한 상징에 대해서는, 바반노빠니샤드Bhavanopanisad, 46쪽, 주22 참조.

4 무드라 샥띠(Mudra Sakti)는 열 개로 존재한다. 그중 아홉 신은 은밀한 신체의 아홉 개의 정신적 중심을 나타내고(123쪽), 열 번째는 이들을 모두 지배한다. 이들은 세상의 선동가(Sarvasankshobhini), 세상의 추적자(sarvavidravini), 세상의 유혹자 (sarvakarsini), 세상의 정복자 (sarvavasankari), 세상의 중독자 (sarvomadini), 위대한 억제자 (sarvamahankusa), 공간의 이동자 (sarvakhecari), 세상의 씨앗 (sarvabija), 세상의 창조적 생모 (sarvayoni), 그리고 마지막으로 세상의 3겹을 넘어 지배하는 자(sarvatrikhanda)가 있다. 같은 책 47쪽.

5 열세 개의 주요 우파니샤드(The Thirteen Principal Upanishads), 3쪽.

6 같은 책, 24쪽.

7 쉬바 샹히타(Siva Samhita), 2, 1-5, 요가와 힌두교 전통 Yoga and the Hindu Tradition, Jean Varenne 역, 원문 인용, 155쪽 참조.

8 예를 들어, Sat-chakra-nirupana 참조.

9 샥띠를 훈련하는 것은, Saubhagya-Lakshmi Upanishad, III, 1-9에서 도해되었듯, 슈리 얀뜨라의 아홉 개의 경로를 아홉 개의 정신적 중심과 연관짓는 것이다. "샥따 우파니샤드"의 참고문헌 참조.

10 카쉬미르의 사이비즘(Saivism)을 훈련하고 있는 브라마차리 락스마나 주(Brahmachari Laksmana Joo)에 근거

11 예를 들어, 요가 우파니샤드의 Dhyanabindupanisad, 33-7 참조.

12 요가 우파니샤드의 Trisikhibrahmanopanishad, 135-42 참조.

13 깔라까 뿌라나Kalika Purana, 59, 132("숭배"의 참고문헌 참조...) Bhavanopanisad, 31권.

14 예를 들어, 유사한 의례가 요가-피타(yoga-pitha) 명상이라고 불리는, Kalika purana(op.cit.) 59,113-14 참조. Devibhagavata Purana, Book Ⅲ, 39 에서는 마나스 야갸(manasic yajna) 또는 정신적 봉헌이라 일컫는다.

15 Kaulavalinimaya, 3장, 103권.

16 우파니샤드의 철학 The Philosopy of the Upanishads, Paul Deussen에 의해 인용된 Dhyanabindu Upanishad, 392쪽 참조.

17 Brhadaranyaka Upanishad, 4, 5, 15.

18 고라낙(Goraknath) 및 칸파따 요기(Kanphata Yogis), George W. Briggs 저, 하타요가쁘라디삐까Hathayogapradipika, 4, 115, 346쪽 참조.

6. 얀뜨라의 미학

1 Bhavanopanisad, 6-8권.

2 Tantraja Tantra, 5장, 14권.

3 같은 책, 5장, 23-5권

4 마하니르바나 딴뜨라(Mahanirvana Tantra), 5장, 97-104, sat-Chakra-nirupana 참조.

5 Mahanirvana Tantra, 7장, 5권.

6 자아실현을 위한 사다나 Sadhana for Self-Realization, Saraswati Pratyagatmanada, 53쪽 참조.

7 종교, 슈리 얀뜨라의 기하학 The geometry of the Sri Yantra, in Religion. N. J. Bolton 및 D. nicol G. Macleod 저, A Journal of Religion and Religions, 66-85쪽 참조.

8 예를 들어, Ananda K. Coomaraswamy의 발화의 형상 또는 사고의 형상 Figures of Speech or Figures of Thouhgt, 제9장 참조.

9 쉬바의 춤에서 Ananda K. Coomaraswamy가 인용한 원문, Agni Purana, 11장. Ananda K. Coomaraswamy에 의해 인용된 책 쉬바의 춤 Dance of Siva, 27쪽, 참조.

10 데비 마하드마야 'Devi-Mahatmaya'. 2장, 14-18, Shankaranarayanam 역.

11 딴뜨라사라 Tantrasara (Brihat), 2권, 397-8쪽 참조.

12 야주르 베다 Yajur Veda, 14, 5

7. 건축 얀뜨라

1 예를 들어, 32개의 배치도를 제공하는 P. K. Acharya의 힌두교 건축에 대한 이론에서 마나사라(Manasara) 참조.

2 바스투-뿌루샤 만달라 the Vastu-purusha Mandala의 복잡한 상징에 대해서는, S. Kramrisch 저 "힌두교 신전 The Hindu Temple", 1권, 제2부, 29쪽 참조.

3 같은 책, 57쪽 참조.

4 예를 들어, 사운다리라하리Saundaryalahari (1972년판) 5쪽에서 락쉬미다라Laksmidhara가 개괄한 슈리 얀뜨라를 진화 방식으로 구축하는 방법을, 실빠-쁘라까사Silpa-Prakasa, 2권, 61-85에 다루어진 샥띠 신전의 배치도 작성 방법과 비교해본다.

5 Silpa-Prakasa Ⅱ, v. 499

6 구성 얀뜨라는 Alice Boner의해 Silpa-Prakasa 및 힌두교 조각의 구성 원리에서 다루어진다.

7 Alice Boner 와 S.R. Sarma 저, 코르낙 태양 사원의 새로운 빛New Light on the sun Temple of Konarka 참조.

8. 같은 책, 만달라 사르바스바Mandala Sarvasva에 대한 번역, 209-210쪽 참조.

9 Paul Mus의 바라부두르Barabudur 참조.

8. 오컬트 얀뜨라

1 개인에게 올바른 "얀뜨라-비자 만뜨라yantra-bija mantra"를 확인시키는 방법은 만뜨라의 경우와 동일한 것으로 보인다. 얀뜨라친따마니Yantracintamani, Ⅱ, V. 36 ff 참조.

2 딴뜨라사라Tantrasara(Brihat), 1권, 575-584쪽 참조.

3 예를 들면, "종교의 역사History of Religion", S. Cammann 저, "이슬람 및 인도의 마법 사각 격자'Islamic and indian Magic Squares" 1부 및 4부, 8권, 275-286쪽 참조.

4 Tara-Bhakti-Sudbarnava, 10장, 354쪽.

5 Yantracintaqmani, 2장, 26-32권.

6 Tantraraja Tantra, 5장, 81권.

7 Uddisi Tantra, 44-60권.

8 Mahesvara Tantra, 9쪽.

참고 문헌 : 산스끄리뜨 원전 및 번역서.

산스크리트어에서 'a, i, u'로 옮긴 모음('father'의 'a', 'see'의 'i', 'loot의 'u'). 'ṛ'은 모음이며, 'ri'와 'er' 사이의 음과 함께 발음된다. a는 apple에서처럼 단모음이고, e는 gait의 ai처럼 발음되며, o는 oppen에서처럼 장모음이다. u는 full에서처럼 발음되고, ai는 aisle에서처럼 발음되며, au는 how의 ow처럼 발음된다.

자음. c는 church의 ch처럼 발음되고, d는 dog의 d처럼, m과 ṁ은 somnolent에서처럼 비음화된 mn으로 발음된다. n과 ṇ은 gong에서처럼 비음화된 ng로 발음되고, ṣ는 shun의 sh처럼 발음되며, ś는 sh와 s 사이의 음으로 발음된다. ṭ는 t로 발음되며, 혀가 입천장으로 말려 올라가면서 발음된다.

'visarga비사르가'로 알려진 상징.
ḥ는 목구멍 깊은 곳에서 대기음으로 발음된다.
산스크리트어에서 옮긴 모음 'ai' 및 'au' 외에도, 단어의 각 문자는 개별적으로 발음된다.

참고 문헌 : 산스끄리뜨 원전 및 번역서

The Sanskrit sources ; texts and translations

Ahirbudhnya Samhita, ed. F. Otto Schrader, Madras 1916. English in-troduction

Atharva Veda, tr. M. Bloomfield, Oxford 1897

Atharva veda Samhita, Vols. Ⅰ-Ⅱ, tr W. D. Whitney, revised, ed. C.R.Lanman, Cambridge,

Mass. 1905

Bhagavad-Gita, tr. Swami Prabhavanavda and Christopher Isherwood, New York 1972.

Bhavanopanisad, tr. S. Mitra, Madras 1976

Bhrigu-Samhita. Edition in the collection of pandit Vishnu Narayana London. N.d.

Devibhagavata Purana, tr. Swami Nijnanda, Allahabad 1921-3

Gandharva Tantra, ed. R. C. Kak and H. Shastri, Srinagar 1934. Short English Introduction.

Ganita Kaumudi of Narayana Pandita, Part II, ed. M. D. Shastri, Banaras 1942.

Glory of the Divine Mother (Devimahatmyam), S. Shankaranarayamnam, Pondicherry 1968.

Guhyasamaja Tantra, S. Bagchi, Darbhanga 1965.

Hymns of the Rig veda, Vols, I and II, tr. R. T. H. Griffith, banaras 1862.

Kalika Purana, see below, under Worship...

Kali-Tantram, ed. with Hindi tr. R. Sukla, Prayang 1972-3.

Kama-Kala-vilasa, ed., tr. Sir John Woodroffe(arthur Avalon), Madras 1953

Kamaratna Tantra, ed. T. Goswami, Shillong 1928. Short English introduction.

Kamaratna Tantra, MS. in the collection of Ajit Mookerjee.

Karpuradistrotra, ed. tr. Arthur Avalon, Calcutta 1922.

Kaulavalinirnayah of jnananda Paramahamsa. English introduction by Arthur Avalon, Calcutta 1928.

Kularnava Tantra, ed. with short English introduction Arthur Avalon, Madras 1965.

Laksmi Tantra, tr. S. Gupta, Leiden 1972.

Lalitasahasranaman with Bhaskaraya's commentary, tr.R.Ananthakrishna Sastry, Madras 1970.

Mahanirvana Tantra. Tantra of the Great Liberation, tr. Arthur Avalon, New York 1972.

Mahesvara Tantra, ed. with Hindi tr. N. M. Misra, Bombay 1902

Malinivijayottara Tantra(Sri) III, ed. M. Shastri, Bombay 1922.

Manasara(Architecture of) P. K. Acharya, London 1933-4

Markandeya Purana, The, tr. F. Eden Pargiter, Calcutta 1904

Nispannayogavali, ed. B. Bhattacharyya, Baroda 1949.

Nityasodasikarnava with commentaries by Sivananda and artharatnavali Nidyananda, Banaras 19683

Rishi Mandala Yantra Puja with Hindi tr. M. Shastri, Bombay 1915.

Sakta Upanisad-s, tr. A. G. Krishna Warrier, Madras 1967.

Sakta-Darsana of Hayagriva, ed. with introduction by K. V. Abhyankar, Poona 1966.

Saktapramodah, Bombay 1931

Saktisangama-Tantra (Sundarikhand), Vol. III, ed. B. Bhattacharyya, Baroda 1947. Short English introduction.

Saradatilaka Tantra, ed. Arthur Avalon, Calcutta 1933. With English in-troduction.

Sat-Chakra-nirupana, see Sir John Woodroffe, The Serpent Power.

Saundaryalahari, The, or Flood of Beauty,ed., tr. W. Norman Brown, Cambridge, Mass. 1958.

Saundarya-Lahari, tr. S.S. Sastri and T. R. S. Ayyangar, Madras 1972. With full commentary.

Silpa-Prakasa by Ramachandra Kaulacara, tr. A. Boner and S. R. Sarma, Leiden 1966.

Siva Sambita, tr. S. Chandra Vasu, Allahabad 1905.

Srichakrasambhara Tantra, ed. K. D. Samdeep, Calcutta 1919

Tantrabhidhana with Vija-Nighantu and Mudra-Nighantu, ed. Arthur Avalon and T. Vidyaratna, Calcutta 1913.

Tantraja Tantra, ed. Sir John Woodroffe, madras 1954

Tantrasara, ed. Sri Krisnananda Vagisa, Banaras 1938.

Tantrasara(Brihat) of Krishnananda Agamvagish, Vols. I and II, ed. U. and S. Mukhopadhyay, Calcutta, n.d. With Vengalitranslation.

Tantra-tattva(Principles of Tantra), Vols. I and III, ed. Sir John Woodroffe, Madras 1953.

Tantric Sahitya(in Hindi) with commentary by Gopinath Kaviraj, Banarqas 1972.

Tara-Bhakti-Sudhanava, ed. Arthur Avalon, Calutta 1940. Short English Introduction.

Tara-Rahasyam, ed. With Hindi commentary S. Shastri, Banaras 1970

Thirteen Principal Upanishads, The, tr. R. E. Hume, oxford 1975.

Uddisi Tantra ascribed to either Ravana of Mahadeva, Hindi tr. R. Diksita, Delhi, n.d.

Vakyapadiyam(Brahmakanda) of Bhartrhari, tr. S. Varma, New Delhi 1970.

Narivasya-Rahasyam, ed. S. Sastri, Madras 1968.

Vastusastra, Vol. I. with special reference to Bhoja's Samaranganasutradhara, D.N.Sukla, Chandigarh 1960. In English.

Worship of the Goddess according to the Kalika Purana, Part I , tr. with introduction and notes of Chapters 54-69 by K. R. van Kooij, Leiden 1972.

Yajur Veda, tr. R. T. H. Griffiths, London 1899

Yantra Samskarapaddhiti(in Hindi), Tract No. 11 by Kanhailal in Miscellaneous Tracts(Laxmi Narayan Press), Moradabad 1899.

Yantracintamani, with hindi tr. B.P.Misra, Bombay 1967.

Yantrasara Tantram in Tantrasara, ed. R. Chattopadhyaya, Calcutta 1292 BS.

Yoga Upanisads, The, tr. T. R. Srinivasa Ayyangar, ed. B. Srinivasa Murti, (Adyar Library) Madras 1952.

Yoga-Sutra of Patanjala, tr, Bengali Baba, Poona 1949.

Yogini Hrdaya with commentaries by Dipika of Amrtananda and setubandha of Bhaskara Raya, Banaras 1963.

기타 자료

Abbott, J., The Keys of power. A Study of Indian Ritual and Belief, London 1932.

Avalon, Arthur (pen name of Sir John Woodroffe, q.v.), Hymns to the Goddess, Madras 1973.

—, Sakti and Sakta, Madra 1969

—, The Serpent Power, Madras 1953, New York 1974.

Beane, Wendell Charles, Myth, Cult and Symbols in Sakta Hinduism, Leiden 1977.

Bharati, Aghananda, The Tantric Tradition, London 1965.

Blair, L., Rhythms of Vision, London 1975

Bolton, N. J., and D. Nicol G. Macleod, The Geometry of the Sri Yantra in Religion. A Journal of Religion and Religions, Vol7, Spring 1977, pp. 66-85

Boner, Alice, Principles of Composition in Hindu Sculpture, Leiden 1962.

—, The Symbolic Aspect of Form' in Journal of the Indian Society of Oriental Art, Vol. XVII, 1949, p 40.

—, and S. R. Sarma with R. P. Das, New Light on the Sun Temple of Konarka, Varanasi 1972.

Briggs, George W., Gorakhnath and the Kanphata Yogis, Delhi, 1973.

Cammann, Schuyler, Islamic and Indian Magic Squares, in History of Religion, Parts I and II, Vol. 8, no.2, pp.275-86.

Coomaraswamy, Ananda K., Dance of Siva, New Delhi 1976.

—, Figures of Speech of Figures of Thought, London1946.

—, The Transformation of Nature in Art, New York 1956.

Danielou, Alain, Hindu Polytheism, London 1964.

Das, S., Sakti and Divine Power, Calcutta 1934

Dasgupta, S.R., Obscure Religious Cults, Calcutta 1946.

Deussen, Paul, The Philosophy of the Upanishads, New York 1966.

Dikshitar, V.R. Ramachandra, The Lalita Cult, Madras 1942.

Edinger, Edward F., Ego and Archetype, Baltimore 1974.

Eliade, Mircea, Comparative Religion, London 1976.

—, The Myth of the Eternal Return, London 1965.

—, The Two and the One, London 1962.

—, Yoga, Immortality and Freedom, London 1958.

Gonda, J., Change and Continuity in Indian Religion, The Hague 1965.

Jhavery, M. B., Comparitive and Critical Study of Mantrasastra, Ahmedabad 1944.

Kane, P.V., History of Dharmasastra (ANcient and Medieval Religions and Civil Law) Vol, V. Part II, Poona 1962.

Kinsley, David R., The Sword and the Flute; Kali and Krsan, Berkeley 1975.

Kramrisch, Stella, Art of India, London 1955.

—. The Hindu Temple, Vols. I and II, Calcutta 1946.

Misra, K. C., The Cult of Jagannatha, Calcutta 1971.

Monier-Williams, M., Brahmanism and Hinduism or Religious Thought and Life in India, London 1891.

—, A Sanskrit - English Dictionary, New edn. Delhi 1974.

Mookerjee, Ajit, Tantra Art, Paris, New York 1967.

—, Yoga Art, london New York 1975

—, and Madhu Khanna, The Tantric Way, London, New York 1977.

Mus, Paul, Barabudur, Hanoi 1935.

O'Flaherty, Wendy Doniger, Asceticism and Eroticism in the Mythology of siva, London 1973

Potte, P.H., Yoga and Yantra, The Hague 1966.

Prabhavananda, Swami, The Spiritual Hertage of India, London 1962.

Pratyagatmananda, Saraswati, Japa Sutram, Madras 1971.

—, and John Woodroffe, Sadhana for Self-Realization, Madras 1963.

Radhakrishnan, s., ed., History of Philosophy, Eastern and Western, Vol. I. London 1952.

Rawson, Philip, The art of Tantra, London, New York, 1973; rev. edn. 1978.

Shamasastry, R., The Origin of the Devanagari Alphabets, Varanasi 1973.

Shankaranarayanan, S, Sri Chakra, Pondicherry 1970.

Srikantha Sastri, S., 'The Iconography of the Srividyaranava Tantra', in the Quarterly Journal of the Mithic Society, Vol. xxiv; No, 1. July 1943, pp. 1-18; Nos 2 and 3, Oct. 1943 and Jan. 1944, pp. 186-204; No.4, April-July 1944, pp. 4-12.

Tucci. Giuseppe, The Theory and Practice of the Mandala, tr A. H. Brodrick, London 1961.

Varenne, Jean, Yoga and the Hindu Tradition, Chicago 1976

Williams, M. Monier, see Monier-Williams, M.

Woodroffe, Sir John(pen name Arthur Avalon, q.v.), The Garland of Letters, Studies in the mantra-sastra, Madras 1952.

Zimmer, H., Myths and Symbols in Indian Art and Civilization, ed. Joseph Campbell, Washington 1946.

—, Kunst Form und Yoga im Indischen Kultbild, Berlin 1926.

용어 해설

akasa : 신비한 공간, 다섯 우주적 원소(지, 수, 화, 풍, 공) 중 가장 미묘한 것

antaryajna : 내적 봉헌; 우주의 구성 요소 또는 모든 따뜨바가 수행자에 의해 시각화 된 내적 얀뜨라안에 심리적으로 용해되는 명상의 형태

Ardhanariswara : 쉬바의 남녀 양성 형상

atman : 우주의 궁극적 원리로 정의된 순수한 자아

Avarana Devata : 얀뜨라의 선형적 구성틀 위에 존재하는 주요 신격 주위의 신격들

Avarana puja : 얀뜨라의 주변 신격에 드리는 숭배 의식

avidya : 우주의 실재에 대한 무지

bhugraha : 얀뜨라의 닫힌 사각형. 가장 바깥선과 함께 단일화된 물질성의 영역

bhupura : 지구와 같은 구체와 동일시되는 얀뜨라의 T자 형태의 문과 사각형

bija-mantra : 씨앗 음절. 우주적 힘과 신성을 나타내는 단음절의 신성한 소리

bindu : 확장할 수 없는 점. 나타나지 않은 상태로서 우주의 신성한 상징

Brahma : 힌두 삼신 중 첫째 신. 창조자

Brahman : 우주의 절대적 원리. 우주적 의식. 딴뜨라 안에서 브라흐만은 쉬바와 샥 띠의 합일과 동등하다

chakra : 문자적으로는 바퀴나 원을 말한다. 얀뜨라. 특히 내부의 얀뜨라. 미세한 몸 안의 에너지 중심

Cit : 순수의식. 어느 곳에서나 현존하는 최상의 원리

Dasa-Mahavidya : 위대한 깔리 여신의 지식적 측면을 나타내는 열명의 여신들

devata : 신성

Devi : 여성적 신성, 여신

diksha : 제자의 구루에 의해 입문하는 의식

Garbhagriha : 감실, 자궁-방(womb-chamber). 신성의 상징과 도상이 설치된 사원의 안쪽 방

Gayatri Mantra : 우주적 범주를 표현하는 잘 알려진 베다의 만뜨라

gunas : 샤뜨바, 라자스, 타마스로 구성된 우주를 구성하는 본질 또는 원인. 이들이 모여 물질적 본질 또는 쁘라끄리띠를 구성한다.

Iccha-sakati : 여성 원리인 샥띠 에너지 세가지 중 하나인 의지의 에너지. 나머지 두 에너지는 지식과 행위이다.

Ida : 미세한 몸의 여성 또는 왼쪽 통로이다. 슈슘나 주의를 감싸고 있고 좌측 콧구멍에서 끝난다.

Ishta-devata : 일반적으로 구루에 의해서 부여받는데 사람에 의해 선택된 신성.

Jnana-Śakti : 여성 원리인 샥띠 에너지의 세가지중 하나인 지식의 에너지이다. 나머지는 의지력과 행위이다.

Jnaendriyas : 세계를 지각하는 다섯 기관으로 듣기(귀), 접촉하기(피부), 보기(눈), 맛보기(혀), 냄새맡기(코)로 구성된다.

kanchukas : 절대적 진리의 베일로 우주가 전개되는 동안 창조에 부가되는 제한적 요소

Karmendriyas : 다섯 행동 기관으로 걷기(발), 손으로 만지기(손), 말하기(입), 출산(성기), 배설(창자)로 구성된다.

Kaulas : 딴뜨라의 좌도left-hand를 따르는 종파

Kriya-Śakti : 여성 원리인 샥띠의 에너지 세 가지 중 하나인 행위의 에너지이다. 나머지 두 가지는 의지의 힘과 지식이다.

Kundalini : 척추의 기저 부분에 위치한 심리적 중심인 뿌리 (Muladhara) 짜끄라 안에 코일처럼 놓여진 잠재된 심리적 에너지

laya-krama : 소멸의 질서. 중심에서 주변으로 안쪽 방향으로 움직이는 소멸의 상징으로서 얀뜨라를 보는 방법

Linga링가 : 쉬바의 추상적 상징

Lokapalas : 얀뜨라의 신성한 공간을 지키는 공간의 여덟 지배자의 신성

Mahavidyas : 열 가지 위대한 지혜, 최상의 여신인 깔리의 지식적 측면으로 표현되는 10명의 여신

mandala : 단어 자체의 의미로는 원을 나타낸다. 때로는 얀뜨라와 동일시됨, 원초적 형태를 구성하는 신성한 다이어그램

mantra : 가장 미묘한 진동과 구체화된 우주적 형상으로 표현되는 신성한 소리

matrika : 우주적 소리의 영원한 측면을 나타내는 산스끄리뜨어로 표현된 문장

Matrika-nyasa : 신체 위에 신성한 씨앗 만뜨라를 불어넣는 의식

Maya Śakti : 우주의 창조적 힘

mudra수인 : 손과 손가락의 다양하고 신성한 결합으로 표현되는 형태

mula-trikona : 여성 원리가 상징적으로 나타난 삼각형의 뿌리

murti : 도상, 신인 동형적 신격 이미지

Nada : 미묘한 진동으로 나타나는 우주적 소리

nadatmika Śakti : 우주적 소리의 에너지 원리

nitya Śaktis : 달의 변화하는 상태를 나타내는 영원한 것으로 알려진 열 여섯 여신의 무리

nyasa : 신체의 다양한 부분으로 신성한 힘을 불어넣는 의식

padma : 연꽃, 에너지의 전개된 상징, 짜끄라를 표현하기 위한 용어

Pancaratra : 딴뜨라 비슈누 숭배자의 철학

Panchabhutas(또는 bhutas) : 물질적 세계의 다섯 거대한 원소, 즉 땅, 물, 불, 공기, 에테르

Panchopacara : 꽃, 향, 불밝힌 오일 램프, 음식, 샌달나무 풀의 다섯 봉헌물을 바치는 숭배 의식

Pingala : 미세한 몸의 남성 또는 오른쪽right-hand 통로

pitha : 신성의 성스러운 자리, 성지의 중심

pitha-sthana : 신성의 성스러운 장소

Prakriti : 물질의 본성, 세가지 구나들에 의해 구성된 우주의 창조적 에너지로 여성 원리로 정의 된다.

prana : 호흡에 의해 운반되는 우주의 생명에너지

pranapratistha : 얀뜨라 안에 생명 에너지를 불어 넣는 의례

puja : 의례에 필요한 봉헌물과 함께 바쳐지는 숭배의례

purusha : 남성 원리, 쉬바의 본질

rajas : 우주의 동적 힘, 쁘라끄리띠 또는 물질의 본질을 구성하는 세 가지 구나 중 하나

Sadanga : 여섯 가지 원리에 기초한 형상과 이미지를 만드는 인도의 과학 이론

sadhaka : 영적 구도자

sadhana : 영적 수행

Saivites : 쉬바의 헌신자

Saktas : 여성원리(Śakti)로서 우주적 에너지에 대한 숭배자 또는 수행자

Śakti : 여성성으로 인식되어지는 널리 퍼진 창조 에너지, 힘으로 우주가 움직이는 데 작용하는 원리. 이 에너지는 Cit(의식), Ananda(희열), Iccha(의지), Jnana(지식), 그리고 Kriya(행동)에 깃들어 있다.

samadhi : 요가 수행의 최상의 목표, 요가적 황홀경의 상태, 완전한 합일을 얻은 우주 또는 사람의 상태

Samayacara : 신체 우주에 대한 추상적 숭배를 실행하는 딴뜨라 수행자

Samkhya : 인도 철학의 주요 체계 중 하나, 딴뜨리즘의 영향을 받아 성자 까필라 Kapila(기원전500년경)에 의해 성립되었다. 이 철학 체계는 36따뜨바로 구성되어 있는 우주의 전개에 대한 사이바-샥따Saiva- Sakta 설의 근원을 형성한다. 우주적 원리 또는 25따뜨바를 정의한다.

Samvit : 의식, 쉬바 그리고 절대적 원리로서 그의 잠재된 에너지

Satkarma : 세속적 삶을 종결짓기 위한 또는 주술적 숙달을 위한 딴뜨라 수행자의 여섯 주술적 의식

sattva : 진실, 순수, 평형의 원리, 세 구나 중 첫 번째, 물질적 본질 또는 쁘라끄리띠

의 구성분

siddhi : 요가적 수행을 통해 얻는 개인적 힘

Siddhais : 최상의 힘을 가지고 있는 요기들

Siva : 힌두의 삼신 중 세 번째 신, 파괴자, 절대적 원리 또는 우주적 의식, 여성 원리
   인 샥띠와 합일되는 남성 원리

sristi-krama : sristi는 우주의 주기적인 창조를 말한다. 창조의 질서. 빈두의 밖으로 전
   개되는 유출의 상징으로서 얀뜨라를 보는 방법

Sri Vidya : 지고의 여신 내면에 지혜의 한 측면, 열 다섯 음절로 된 만뜨라로 인식된다.

Surya : 태양신

Sushumna : 여성 에너지를 위로 일으키는 거대한 몸의 중심 통로 또는 꾼달리니

tamas : 내부의 힘, 사트바, 라지스, 타마스 세 개의 구나들 중 가장 낮은 차원의 힘.
   물질적 본성 또는 쁘라끄리띠를 구성한다. 암성(暗性)

tanmatras : 미세한 요소 또는 에너지의 잠재력

Tantra : 경전의 종류, 샥띠의 힘과 관련된 고대의 영적 원리

Tantrika : 딴뜨라 원리를 따르는 사람

tattvas : 형성된 것으로 완전한 세계의 우주적 범주. 위의 상키야 항목 참조. 바로 그
   것. 사물의 존재 자체

Upanishad : 고대인도 철학의 영적 문헌; 기원전 1000년에서 800년 사이 현재의 형
   태대로 형성된 문헌. 우파니샤드의 근원 개념은 개별 의식인 아뜨만과 우주적
   의식인 브라흐만이 일치되는 것이며 궁극적인 실재의 본성을 알려준다.

Vedas : 힌두이즘이 표현된 경전. 인도 종교의 근간을 이루는 종교서적, 아리아인
   에 대한 것을 알 수 있으며, 네 개 부분에서 약 10만여편의 시귀가 실려 있는데
   리그 베다, 야주르 베다, 사마 베다, 아타르바 베다가 있다.

visarjana : 숭배의례가 끝난 후 얀뜨라로부터 신성을 널리 퍼트리는 의식. 영원한 안
   녕을 기원하는 의례, 정례적인 숭배의례가 끝날 무렵 신상은 실제로 또는 상
   징적으로 물에 잠기게 된다. 축제가 끝난 후 최근에 제작된 신상은 사원의 저
   수지나 강가로 옮겨지는데, 물속에 던져넣기 위해서이다.

Vishnu : 힌두 삼신중 창조자 브라만 다음의 두 번째 신. 보존자.

yantra : 숭배와 명상을 위한 도구로 사용되는 신비적 다이어그램; 신성의 추상적 상징; 우주적 힘을 이끌어내기 위한 형상; 만달라의 동의어. 신을 상징하는 형태 또는 형상, 명상에 도움을 준다. 일반적으로 도식적인 또는 기하학적인 표현을 많이 사용하며, 신의 특성을 형태와 연관시켜 상징하고 있다.

yogi : 찾는 자; 우주의 실재와 합일을 성취하기 위한 목표를 가진 사람

yogini : 여성 요가수행자

yoni-mandala : 요니는 창조의 토대, 자궁, 우주의 신비를 상징하는 것으로 모든 현상이 객관적으로 존재하게 되는 근원들의 원초적인 뿌리, 여성의 생식기관인 요니를 상징하는 역삼각형이다. 요니-만달라(yoni-mandala)는 역전된 삼각형으로 우주의 창조적 어머니를 상징한다. 샥띠의 상징이고 여성 원리이다.

yuga : 영겁, 우주적 시간. 우주의 시대를 네 개의 유가 시대로 나누는데 사트야Satya, 또는 크리타-유가Krita-yuga, 트레타-유가Treta-yuga, 드바빠라-유가 Dvapara-yuga, 그리고 현시대를 가리키는 깔리-유가Kali-yuga가 있다. 깔리는 B. C. 3102년 2월 17일과 18일 사이의 한밤중에 시작되었으며, 비슈누가 깔리의 형상으로 나타나 세계를 파괴하기 전까지 아직 42만 7천년의 기간이 남아 있다. 그때가 되면 모든 것이 원래의 상태로 돌아가고 다시 창조되고 새로운 순환을 시작하게 된다.

얀뜨라YANTRA

초판 1쇄 발행 2015년 1월 16일

지은이 | 마두 카나

옮긴이 | 심상욱

펴낸이 | 이의성

펴낸곳 | 지혜의나무

등록번호 | 제1-2492호

주소 | 서울시 종로구 관훈동 198-16 남도빌딩 3층

전화 | (02)730-2211 팩스 | (02)730-2210

ⓒ테스피아

ISBN 979-11-85062-08-2 93150

* 잘못된 책은 바꾸어 드립니다.